本页图:《闹天宫·降石猴禀议天庭》,刘继卣绘。
前页图:《西厢记·佳期》,王叔晖绘。

浮生旧梦说连环

北京上河卓远文化传播有限公司　出品

# 浮生旧梦说连环

蔡小容

河南大学出版社

**图书在版编目(CIP)数据**

浮生旧梦说连环/蔡小容著. —郑州：河南大学出版社，2014.10
ISBN 978-7-5649-1527-8

Ⅰ.①浮… Ⅱ.①蔡… Ⅲ.①随笔-作品集-中国-当代
Ⅳ.①I267.1

中国版本图书馆CIP数据核字(2014)第102252号

| | |
|---|---|
| 出 版 者 | 河南大学出版社 |
| 社　　址 | 郑州市郑东新区商务外环中华大厦2401号 |
| 邮　　编 | 450046 |
| 网　　址 | www.hupress.com |
| 出 版 人 | 张云鹏 |
| **书　　名** | **浮生旧梦说连环** |
| 著　　者 | 蔡小容 |
| 责任编辑 | 侯若愚　刘淑颖 |
| 封面设计 | 周伟伟 |
| 照　　排 | 南京紫藤制版印务中心 |
| 印　　刷 | 河南省瑞光印务股份有限公司 |
| 开　　本 | 787×1092　1/32　印张 9.375　字数 162千 |
| 版　　次 | 2014年10月第1版　2014年10月第1次印刷 |
| 定　　价 | 48.00元 |

＊版权所有，侵权必究
＊凡购买河大版图书，如有印装质量问题，请与本社
　营销部联系调换　电话：0371-86059701

本书图片特别感谢贺友直先生授权
谨向本书引用的众多连环画家深致谢意

# 目　录

序：鬼市　　　　　　　　　　　　　001

## 辑一　山乡系列

无处不在的日光　　　　　　　　　003

舍得画鸭　　　　　　　　　　　　009

跑马溜溜的云哟　　　　　　　　　014

若烹小鲜　　　　　　　　　　　　021

地主婆的院子　　　　　　　　　　027

自古来草膘料劲水精神　　　　　　032

梅子欠点儿酸　　　　　　　　　　037

杏黄时节割麦子　　　　　　　　　042

海边出生，海里成长　　　　　　　047

## 辑二　打仗系列

| | |
|---|---|
| 荷花箭,荷叶香 | 055 |
| 埋地雷的游戏 | 061 |
| 光头海娃不见了 | 066 |
| 玉宝喜得睡不着觉 | 072 |
| 桂娃是爹的闺女 | 079 |

## 辑三　贺家班系列

| | |
|---|---|
| 神仙也怕难为情 | 087 |
| 喜气包围清溪乡 | 095 |
| 大公无私各色人 | 104 |
| 城里姑娘学挑水 | 111 |

## 辑四　好姻缘系列

| | |
|---|---|
| 百日恩 | 123 |
| 金不换 | 129 |
| 树缠藤 | 135 |
| 盖满川 | 144 |

## 辑五　古装系列

| | |
|---|---|
| 阿睹何物乎 | 153 |
| 赶考的罗伦 | 162 |
| 良　宵 | 167 |
| 但使相思莫相负 | 172 |
| 青花瓷器 | 178 |
| 闭门推出窗前月 | 185 |
| 好一朵带刺的玫瑰花 | 191 |
| 一娘生九子 | 196 |
| 若　佛 | 202 |
| 杨康的一种假定 | 207 |
| 小商河界 | 212 |
| 美哉关羽 | 216 |

## 辑六　隋唐系列

| | |
|---|---|
| 楔　子 | 223 |
| 南阳关前 | 225 |
| 一把罗扇 | 232 |
| 咬　金 | 238 |
| 呼雷豹认识黄骠马 | 242 |

| | |
|---|---|
| 机械英雄观 | 247 |
| 宇文家的事 | 253 |
| 圆　情 | 259 |
| 这卖马的是谁 | 263 |
| 单二员外买马 | 267 |
| 情深不寿,强极则辱 | 272 |
| | |
| 附录1:本书引用连环画一览 | 277 |
| 附录2:《浮生旧梦说连环》发表地图 | 280 |

# 序:鬼 市

有一个梦我总也做不完,绵延多年,我好多回地走进去:一条背街的巷子,一家不起眼的门面,进去一看,呀,好多小人书。我从小就到处寻觅的,《说唐》的各种异本罕本,就在那一排排用橡皮筋兜着的木架子上。我取下来翻看,一页页,绘写得栩栩如生,比醒时看得还真切。——看完了,我就醒了,可惜又是梦,我差点就把那书买到手了。待到天明才明白,夜来看到的那许多画幅,其实是我自己臆想中的创作,在白天我可不具备如此的想象力。

我怅然于它只是梦。仿佛冯骥才笔下的鬼市:"天没睁眼,地没睁眼,鬼市上的人都把眼珠子睁得贼亮……那些绕来绕去绕回来的羊肠子道儿上,天天天亮前摆鬼市。"天明即散。大冯那里好像有一切的老版连环画,他自己说的。他倒是连环画收藏的一座重镇。

陪伴我长大的小人书，在我家的书柜里曾经堆积如山，如今所剩无几了。有的是早就没了的，别人找我大批量地借，借了不还，我不好意思追讨。后来我离家上班，我妈退休后闲着没事，拿我的小人书出去练摊儿。——妈妈，我小时候，这些书你一本本地讲给我听，你都忘了么？可是我又说不得，我自己早年散出去的书还少吗？我在借我书的人家里看到我的书，那人说句："这书是你的呢。"我都不拿走，我还能怨谁？

那些书一定还在世上。我的可能已经不在，但它们的姊妹兄弟，当年按同一套模版印出来的，肯定还在，不分你我。我在上海碰到有人晚上出来摆摊卖他家里的小人书的。我也在天津的文化街淘过，还专程跑到杨柳青画社，扛回了几卷贺友直、王叔晖的大画册。最让我憾恨的是这桩：我曾在一家店子看到有贺友直的《山乡巨变》重印本，还价不成，铺子正要打烊，不多说就收了摊，后来就没卖的了。

有一个夜晚，我无意间撞进一个连环画网站。我是见事太迟，怎么早没想到上网去搜？你想要的任何东西，网上都有的。仿佛芝麻洞开了大门，我想到一本搜一本，直看到月过中天。出门望月，月朗风清——这回我不是做梦呢？

它们都还在，我放心了。于是不着急，过一阵子再去，结果芝麻又关门了：网站改成了付费的。我对网络的未知深浅，正如我对交通的不能掌握,前者不敢贸入,后者倒可以探索。我还是到物质世界去找寻连环画吧。

武汉的连环画市场在汉口崇仁路。不会走路不要紧,网络会帮助我这种人,输入我的所在地、目的地,立即就有一条红线在地图上劈出一条路来,最正确最便捷的。顺路可以看看武汉三镇的格局,我在其间待了十来年都没形成个概念,像个外地人。崇仁路将成为我的经常出没之处。我要找的小人书,不外三种:

一、我从前有过的,或是小时候看过的;

二、画功精湛,堪为吾师的;

三、有情趣,有意思的。

崇仁路确是小人书的集中营。每一本看着都像是我家的,翻开看,不是,同样的书有好多本,码成一长摞。我的书没有流落到这里。流落到这里的书都要卖个好价钱。

上月下旬,我跑去崇仁路赶集,第七届全国连环画交流会在那里举行。去时已是第三日,我在人家淘剩的摊子上淘,也碰着了好些我心上想着的书。我家里从前的老书好些都给我买回来了,除了叫价太贵的,我就在那摊子上把它看一遍。也买着了不少好货:刘继卣的《东郭先生》、张令涛与胡若佛的《小谢》、卢延光的《长生殿》、高燕的《贵妇还乡》。

有一个摊子上有本《墨子救宋》,王叔晖的。旧,他要二十元。我说五元,他不肯。

"八元!八元给你,我要赶火车了。"我后来又从他那儿经过时他冲我喊。

"五元,五元我就要。"

最终他没卖,我也没买,他赶火车去了。这个倒不要紧,王叔晖的连环画要买《杨门女将》、《西厢记》。

有一家店面就是本地的。我方在看,邻人就去把老板找来了。他正在吃饭,胖,戴副眼镜。近十月的天气了,他还打个赤膊。

"这一个抽屉是一块的,这一个抽屉是两块的,本来是这样,但是他们给我翻乱了。你找好了给我看一下,高不过两块,低不过一块,反正我不会瞎要。"这老板的脾性、声口都可以做武汉人的标本。

我让他去吃饭,我找好了两本文革版的书拿给他看。付钱时我说:"因为我家里从前有这本书……"

"是的,蛮怀旧。正是因为有你们这种人,才有这个市场。上次有个人,他连书的名字都不晓得,就跟我说了个大概内容,我给他把那本书找出来了。你刚才说的书我有,但是现在找不出来,等我翻出来了放着,你下回再来。"

若干宝贝,已尽入我囊中。正要大笑拂衣归去,忽然想起一事,就问起《山乡巨变》。我找她买了几本旧《连环画报》的女人说:"咦,你先在我这里坐着翻画报的时候,你旁边就有个人在卖《山乡巨变》哪,你怎么没看一眼?"

咳。我偏偏错过了他。在这市场里逛了半日,饿得胃也扁了,蹲得眼前金星直冒,也该回去了。隔几日,翻报纸,得知武昌的另一家古玩市场马上又要开交易会,我又跑去赶场。这里主要是做古玩生意的,连环画的门面全都关着门。有一家开着,卖的都是各种连环画的重印本。

刘继卣的《朝阳沟》,一看就要了。我有贺友直的《朝阳沟》画册,可以做个对照。

"刘继卣的是人美版的,贺友直的是上美版的。"老板说。

"《山乡巨变》呢?"

"《山乡巨变》卖完了。进了二十套,一下就完了。我再去订货。"

我留了电话给他。架上一本《草原烽火》,我若有所动地取下来——长袍、奴隶、血衣,它们逼近我记忆尽头的一本书。我看它时不超过三岁。那书没头没尾,而且每一页都给我撕成了三两截,幼年的我看不懂,只留下了关于血衣的恐怖记忆。几个模糊的情节大致找到了,但直到我看到书中一个地主小妾的微笑的脸,我才完全肯定:这就是那本书!

但我没有买下它。它属于我意识初开、蒙昧混沌之处的一个神秘,我不想完全破解它。

2007 年 10 月 23—24 日

辑一　山乡系列

## 无处不在的日光

我对这本书的思念,是双重的,因为我小时候已经思念过它一回了。我小时候是找人借的它,几天的时间里翻看得熟稔而亲昵,归还后,我开始想念它。它的情节在我心里熟极而流,可我还是想把它捧在手上,捧在眼前:

"忽然,响起了几下敲门声:'同志,同志,你睡了吗?'我猜到是房东大娘,就要起身开门,她在外边又说:'睡下了就别起来啦。我来看你好几趟,没听见动静,还当你工作哪。'

"我赶忙披衣下炕。房东大娘接着说:'你要是不看书,不写字,就关了灯,开着灯睡觉,浪费电呀!'……"

说不上来为什么如此平常的场景对我有种吸引,就仿佛夜间行走在乡村,看见关闭着的农舍窗户透出黄灯光,心头涌起惆怅和向往。其后的情节,我渐渐忘了,隐约都是发生在白天,留给我喧嚷和闹吵的依稀印象。我越是想把头脑中残留的印象看清,它就越是加速地浅淡下去,我一点也捞不着了。与它睽隔二十多年了,我不计代价地耗掉一个上午的时间,辗转搭车找到连环画市场,一家一家问,把这本书找了出来,花十元钱买下。

回到家才翻开它——这十元钱花得值啊,原来它画得如许好。原来正是因为它不惜工本的细腻刻画,才占据了我那么深的记忆层面,我一直把我对它的思念当作一般的怀旧,原来不尽是。这本书是1973年出版的,七十年代的连环画家,把画给小孩子看的小人书当作严肃事业,无一笔敷衍,倾其所有,要一奉十。在这保存了三十多年的小书上,三十多年前画家的铅笔笔触历历可见,虽然经过了印刷的工序——它只是批量印刷了上百万册中的一册——那笔触的质感仍是十足的。画面既有线描的清秀,又有素描的质地,那农家的院落、院墙、房屋、树,无不绘写得栩栩如生,我好像是在一个设法保存了六十年代老样子的农家院子里参观,很想伸手摸一摸那有点粗糙,又极其温润的墙。景物亲切如旧,而让一幅幅画面无比生动的,是它们呈现的日光感——太阳不在画面中,而日光无处不在。

就在这天晌午,又发生了第三件事情。收了工,吃了饭,我刚回到住所,又听见院子里大声吵闹,就赶紧出来看看。清明端着饭碗站在门口,我问他奶奶跟谁吵架。"跟南院的,外号叫'侯小手'。"清明回答着。

《房东大娘》,浩然原著,毛震耀、俞晓夫绘,上海人民出版社1973年版。

(30)张自生指着侯家院子说:"如今,这院子是我们对大队青年们进行阶级斗争教育的实物之一。侯大娘眼光敏锐、警惕性高,她及时发现的这个问题非常重要哇!"

(40)我跟出来一看,这是一条新修的小公路。它从正西伸过来,拐过侯大娘住宅,才能朝正东的新建小工厂和粮库直伸出去。侯大娘房后这一节路,因为低洼,雨后存水,非常泥泞。果然,一辆拉木材的大马车陷在这儿了。

"让你留着,你就给我留着!我要让干部社员们参观参观,分析分析,擦擦眼睛,长长见识!""侯小手"慌张了:"老嫂子,前后院住着,何必呢?"

树的影子提示日光。椿树的影子浓密,桃树的影子稀落,还有瓜秧,低矮地伏在它自己的影子上。人的影子照应日光。房东大娘的影子深稳,侯小手的影子虚浮,他俩一个挺着胸,一个躬着背。站在门边的孩子,一手端碗,一手拿筷噙在口里,有着晌午的懒洋洋。换个角度从屋内望出去,院里是明的,大面积的白,屋内则是暗的,门与门槛、柜子、水缸,都投下阴影,更强调了外面正午的日光。

"……房东大娘一语把他道破:'不用收了硬的来软的,我全不吃。告诉你,这是两种思想的斗争!'侯小手耍无赖说:'你不让我过日子？''我让你过社会主义日子！咱们闲话少说，就这么办啦！'大娘说着管自走了。"

"社会主义日子"，那时候的小人书都是这个调门，它解释了画面中日光感的来源。割稻的间隙，社员们坐在高处的梯田上休憩，下面一望无际的田野尽收眼底，一条条一块块，田间的树影，倾斜而完整地投在大地上。车把式赶着马车在公路上奔跑，奔跑在社会主义大道上。大道上洒满金光，田野上更是一片金黄。社员们挥汗如雨，他们的长相和笑容，都是六十年代风格的，笃信社会主义已经实现并享受着幸福和自豪的。《房东大娘》这本连环画中的故事与日光非常匹配。原著中并未提及阳光，而绘者感受到了，他们让日光进入了几乎每一个场景，准确表现了那个年代的氛围。

2006 年 9 月

## 舍得画鸭

我是登高把这本《放鸭记》找出来的。巴掌大块店面,不值钱的小人书摞在门口书架上,店主认为值钱的,就码在店内架子的高处,一直顶到天花板。他自己坐的那把椅子垫张报纸给人踩上去瞧,我觉得他应该备把七十年代的梯子,因为旧木头梯子跟小人书更般配,是一路货。

怕书抽多了塌架,我站在高处也只能有节制地看,抽一本看一本,或凭书脊判断。《放鸭记》,这个"鸭"字估计有戏。随便翻开一页,一望无际的稻田,随着小路蜿蜒,小路的另一面的轮廓,是由沿途的树来划清的,树也由近及远,蜿蜒而去。旁边还有道水渠,一台拖拉机正要横插过来。这本书我要了。

"二十元。"店主说。他翻开一大本连环画收藏指南给我看几本文革版小人书的指导价:30—40元。

"那是那一本,不是这一本。"我说。

"我这本还好些。这鸭子,画得几好哟!"他自己翻开书欣赏了一阵。许多幅画面上,都有十几二十多只的鸭,姿态各异。如果以数量算,卖二十元也不多。

"十元。"

"好吧。"也许不是他好说话,是他刚才大开口。

我也喜滋滋拿着书走了。这本书让我目力丰盛,仓廪充实。它的每一幅图上的景物,都是我喜欢的,构图也极其合我心意,就好像是我自己用相机取的景。要是这画家跟我认识,我俩绝对说得来,因为我们的审美眼光是如此相似。

但这本书并不是一个人画的。绘者署名是"海门县文化馆",文革期间常有这样集体创作的连环画作。我从不知合作画画是怎么回事,怎样分工的?人物应该是同一个人画,否则难以做到一致,然后,可能由一个人决定构图,同时画出构图中的景物。这本书的景物绘写可谓幼细,光是树就画了好多种,而且每一片树叶子都完整地画出了,甚至不知名的野草也用工笔。还有庄稼,以及各种蔬菜的叶、藤、果、秧,无不繁密茂盛。繁密处繁密,留白处也留白,树叶的空隙里点缀一只跑过的鸡,或者下一幅将要出现的人的伏笔,这样就出来了空间的层次感。

是不是有一个人专司画鸭呢?鸭不算特别难画,难的是如何铺排这许多只鸭。汪曾祺在《鸡鸭名家》里说,每只鸡都不同,

36. 二虎见留根儿难过的样子，又凑着留根儿的耳朵说了一阵。留根儿越听越高兴，不停地点着头。把小萍萍看得心痒痒的："虎子哥，你们讲啥呀？""暂时保密，以后告诉你。"二虎子笑着回答。

63. 二虎一拍手说："有了，鸭子喜欢成群走，我去让留根儿把鸭群赶来，把这些鸭子一起引到队里的鸭栏去！""对，我去！"小萍萍正要走，忽听一阵"呷呷呷"的声音，留根儿赶着队里的鸭群走来了。

这时,渠道边又有两只鸭子在向稻田里跑,小萍萍连忙跑过来赶。谁知,在田岸上一滑脚,一只脚踩到沟里去了。

《放鸭记》,刘本夫、褚言德原著,海门县文化馆绘,江苏人民出版社 1975 年版。

而鸭都是一个样子的。真的是这样,世上的鸭都是麻花色、神气憨拙、摇摇摆摆走路的。可你不能把一样的鸭子画成一个样。画面上线条光滑饱满的鸭,显然是天天在水里养得溜光水滑的:"向阳渠里散游着斑斑驳驳的鸭子,有的在扎猛子找螺蛳吃,有的扑着渠水追逐柳条上的蚂蚱,有的抖着翅膀在撒欢。"就算依样画出种种情状来也要当心,可能个个鸭子生动,整幅群鸭图却呆板了。须得动静结合、疏密有致、主次分明,既要有出格的鸭子,也要有规矩的鸭子,听你调度。有时候群鸭也可以姿态划

——在它们列队走路的时候,此时,就必须要安排一只不听话的鸭,偷跑出队伍去吃点什么。

怎样才能画好鸭呢?就像王冕画荷花一样吧:坐在河边,观察它。鸭群来了。它们在水上走得那样平稳,涟漪在它们身后分出一道平静的水路。看到前方有什么物事,鸭会习惯性地伸长脖子,先于它的身体去探询,伸长的脖子,线条仍是光润的。水面上静止的鸭,往往回头在用嘴巴整理翅膀。兴奋的鸭,立起身来扑腾;纵情的鸭,把头扎进水里;一时撒欢跑上岸的鸭,必定高举双翅,撒开了两腿飞跑。——看得多了,笔下自然流泻,大概其实不必笨拙地设计,画面该如何安排。

真是舍得工夫。方寸大的一幅画,费多少工呀,而说起来,一幅就只算一幅,并不多记工分的。画家连个名字也没落,估计稿酬也只是个意思,另外给几本样书。画的人,现在老了,偶尔戴上老花镜,找出已经没人看了的、自己藏了几十年的小人书来看看,这是我年轻的时候,画的鸭……

2007 年 8 月 10 日

## 跑马溜溜的云哟

"咦,这本书是偷来的嘛!上面没盖章子。"爸爸在忙着的间隙,瞥一眼我手上的《耕云记》,说了一句。他的话让我紧张,这本小人书不知道是谁丢在我这儿的,我很喜欢它,谁知它竟是偷来的呢?它的封底,确实没盖新华书店的戳印。我拿左手遮挡,不让人瞧见,右手用蓝色铅笔在封底上描出一个扁长的椭圆,椭圆里顺着走势均匀而工整地写上:"宜昌市新华书店"。哎呀,小时候的我多么聪明哪。

这本小人书定价三角一分,真算贵的,放到现在它就更值钱:它是 1964 年出版的,且是初版,也不知是因何风云际会,它于七十年代末落在我的手上。倘若它辗转流落于现在的连环画市场,贩卖它的人准会揶揄地对我讲:"你才开始玩,不要玩这个。这个贵。先玩点便宜的,喏。"去他的,我从来不是玩。我要这些小人书,是因为我爱它们,玩它们的人才玩成了贩子。

55. 这些闲话，可把铜锤气个半死。他狠狠地瞪了淑英一眼。淑英只好低下头加快步子往回赶，走到村头上，偏偏又遇见几个老头儿，把淑英数落了一顿："哎，你一句话，把大家弄到地里冻了一夜！"

《耕云记》是作家李凖的名作。它"通过一个小姑娘在党的培养下成为公社气象员，以及后来在党委的支持下开办气象站的经过，说明气象工作对农业生产的重要性"。这内容提要太确切了，确切得恰好落在我的盲区里，我关注的总是细节而非全局，谨毛失貌。书里特别打动我的字句，都是关乎景物或情氛的，而且它们在我心里都是以当年妈妈讲给我听的腔调复述：

"淑英回家的时候，已经是春天了。老远她就看见公社的红

铜锤是第二生产队的队长,是个好劳动。他不知气象有啥用,说:"青年人还是真刀真枪干点力气活是正经,别坐在屋里搞那'脑力劳动'……"妹妹乐了:"哎哟,气象可是农业的参谋……"

《耕云记》,李凖原著,刘国辉绘,人民美术出版社1964年版。

81. 到了晌午，还是紅天大日，沒有下雨的样子。銅鎚的媳妇想走一趟娘家，就是怕下雨，就和銅鎚商量。

85. 刚到門口，他媳妇也淋得渾身湿透跑回来了，一双新鞋滿是烂泥巴，一身新衣服也都貼在身上啦，气得她直捶銅鎚。

旗啰!她又看着两边的麦海、黄灿灿的油菜花,真是兴奋。"

"她拐过去一看,大吃一惊。原来昨天夜里真的下了雷阵雨,雨里夹着冰雹,把林场的苹果花都打坏了,还有鱼秧场的小鱼也砸死了好多。"

"还未容淑英搭腔,哗啦啦一阵风起,把范富兴头上戴的一顶大草帽一下子掀掉了。他急忙追赶,满街的人都拍手笑了起来。"

"街上人声锣声都响了,人们像潮水似的涌来,大车小辆的往地里运柴禾,就像打仗一样。"

从这些场景的描写可以看出一个个张弛有道的节奏,它们处于作家刻意的调度之下。淑英学习气象回来,还没正式开始工作,偏偏就正确预测出了冰雹,她因疑虑不敢报告,导致损失;正式开始工作了,一预测,有霜冻,把所有人集合到地里守了一夜,却是挨冻空守,落得大家埋怨;再预测,又有霜冻,又一次惊师动众,这一回,准了,大家也慢慢信服了,"麦子长得好极了"。——这是舒一口气的休止符。再以后,就是无论怎么不可信的预测,都会被证明为正确,人越不信,不可能的征兆越多,到最后都会颠倒过来,还是淑英对。淑英这姑娘成了诸葛亮,老天爷也低下头来,认输了。

冰心读《耕云记》,说"像海边观潮,故事的发展像从遥远的

93. 淑英她們天天广播天气，每天晴天，每天晴天，說的也絮(xù)煩了，群众也听够了。这一天测出明天阴天，眞高兴！

天末卷来一阵雪白的浪花，推涌进迫，浪头愈卷愈高，潮声也愈来愈大，等到它涌到你面前脚下的时候，气势之雄豪奇险，使你几乎悚起侧立！"形容得很是精当。书中达到最高潮的部分，就是对有无山洪、该不该放水争执不下。到了性命攸关的时候，淑英爬上玉山山顶去看个究竟。弦是搭满了，越撑越满："淑英爬到玉山上后，风更大了，雷声震得好像要把山推倒一般，一道闪电，只见山北边，白茫茫的云海，就像几万匹马向前奔跑着一样。""好几次,风把云块推过来,玉山就像个大佛爷的凸肚子一样,把它挡回去了。淑英全神贯注,只顾看着雨云过得来过不来,连害怕也忘了。"她在山顶守了一夜,守着这跑马一般奔腾的乌云,直到天快明,一阵大雨点子湿了地皮,随即太阳跳了出来。淑英又赢了。

连环画上,淑英的小气象屋让我入迷。从开着的窗口望进去,姑娘在里面忙着,用我不知就里的土洋结合的仪器。从屋里顺着淑英的目光望出来,则是框在窗户里的一小方块天空,和有人走过的村庄。她还有个小帐篷,席地而坐,面前开了一方小窗,有人掀开帐篷钻进来,跟她说句话。——画里的天地怎么就这么有意思呢?

2007 年 5 月 1 日

# 若烹小鲜

聂鸥至少有两套笔墨。她的简介上说,她擅长水墨画、油画。我亲近她,还是源自连环画。八十年代初的《连环画报》上,有她跟孙为民两人画的《星期三的紫罗兰》,极尽精雅之能,画中那外国女郎的形貌衣饰、发肤态度,我都爱不释手,临摹过好多次。它甚至影响了我对衣饰的审美,我多年都在谋求一件深色条子的衬衫或裙子,跟那画上一样的。隔不久,我又买了一本小人书《山猫嘴说媒》,是山乡的故事,画的笔法拙朴山野,仿佛赵树理的山药蛋派,投合了我的另一口味。如果要在洋派和山野之间穿梭,那后者还更贴心些,有时候我刻意扎小辫、穿旧的碎花衬衫——十一二岁,我开始穿给自己看了。《山猫嘴》的画家是谁,我一看居然又是孙为民、聂鸥,这怎么可能?这两截然不同的两套图画,彼此不见丝毫干连的影子,他们是怎么摆脱画笔中固有的自己,总不像换衣服那样简单吧?这两个人不知为何总在一起画画。很多年后我才得知,他们是夫妻档。据行内人称,孙为民的写实功夫了得,可以做聂鸥的老师,可是我看过署他一个人名字的画,感觉就像《红楼梦》的后四十回,不好看了。所以我喜欢的肯定是聂鸥,不必细分他俩究竟怎么合作。

《山猫嘴说媒》少有人提,被提得多的是《人生》。《人生》就是路遥的《人生》,由孙为民、聂鸥绘成连环画,获得过全国美展铜奖。连环画在画坛的地位,似乎比通俗文学在文坛的地位还低些,除非获了大奖才得提升。大概只有贺友直是例外,他是只会画连环画的,"非有故事不能画",而他照样在世界各地举办个人画展,法国的连环画中心昂古莱姆还请他去当荣誉市民。

62 老蔡牛还在床上想再睡一会儿,只听三郎喊道:"爹,媒人来了!"老蔡牛咕噜爬了起来,忙往外跑,在门口迎到了喜笑颜开的山猫嘴。

《人生》,其写实功夫被誉为炉火纯青:"那种极高功力的素描表现,将陕西质朴厚重的人文景观展现得淋漓尽致,高加林与刘巧珍的感情世界在陕西质朴风情的背景下,塑造得鲜明深远、格调清新,令人回肠荡气。"这评价十足主流口吻。我猜想《人生》的绘画是不是以孙为民为主,虽然每次他的署名都在前,这个作品可能真是他的戏份儿多。而聂鸥是以情趣胜出的,这么说吧:孙为民的画有架子,聂鸥的画有意思。像《山猫嘴说媒》这样的连环画,就该由聂鸥大显身手,尽管连她自己也未必觉得这个作品很重要。

山猫嘴是一个人的外号,此人靠说媒混日子,坑蒙拐骗,诈人钱财。从他这个外号可知这个故事的调子:带着山里人的幽默,有热闹戏,拉拉锯锯的最终以喜剧收场。山猫嘴的一张嘴厉害,吃鱼一个嘴角进鱼,一个嘴角吐刺,他如此能兜转,最后还是把自己转栽了:他兜不过圈子了,只好请亲生女儿出马解围,结果女儿假戏真做地嫁给了被她爹蒙骗的青年——他两个本来就互有情意,剩下山猫大爹连拍手带跺脚。故事发生在文化大革命的后期,山猫嘴在前面大半段一直为所欲为,到了结尾处,文化大革命喀嚓一声结束,山猫嘴也就得到了应有的惩治:"再不敢了,"他说。这样的情节安排也决定了这作品是俏皮的,不沉重的,谑而不虐的,如同烹饪中的"小鲜",换了如椽大笔,

听了这个好消息,老蔡牛说了许多感谢媒人的话,还硬要拉山猫嘴到家里喝酒。山猫嘴谎说还有急事,就揣着那包厚礼走了。

《山猫嘴说媒》,根据范乃仲同名评书改编,孙为民、聂鸥绘,中国曲艺出版社1982年版。

46　一会儿,雨停了。二郎搀凤兰上车,拉起车子继续走,两个人边走边谈。这时,二郎希望这条路长长的,永远走不到头,让凤兰坐在车上和他谈话。

可能还不好拿捏——而它的轻俏鲜活恰恰就是适合聂鸥画笔的度数。

聂鸥可能随手就画出一幅又一幅的连环图。北京生长的她在乡村待过几年,田间阡陌,鸡犬之声,大概在她心中能延伸出几十尺的长卷,够她信手拈来,涉笔成趣。当一个画家多么好,放眼望见的身周四处,尽是画。眼里心里的世界,可以在纸上缩微显现,本来不甚合心意的地方,经了画笔就合了心意,它比真的更美。"在河南省东部的一个地方,一溜排列着十个小村庄:大庄、二庄、三庄、四庄,一直排列到十庄……"鳞次栉比的农家院落,一座挨一座,这里那里都有荷着锄牵着牛挽着筐篮推着车的农人,走在阡陌上。村是光棍村,树是峥嵘的。人逢喜事,鸡鸭管自跑,鸟儿凑趣飞。也有旖旎的时分:"一会儿,雨停了。二郎搀凤兰上车,拉起车子继续走。两个人边走边谈。这时,二郎希望这条路长长的,永远走不到头,让凤兰坐在车上和他谈话……"

《山猫嘴说媒》我是上小学五年级时买的。因为喜欢,工作以后单单把它带在了身边。有一回搬家,来帮忙的朋友信手把它扔了,扔在了垃圾如山的走廊上。我经过,我的惯于在垃圾中发现宝贝的眼睛一下看见了它,我把它捡了回来。

**2007 年 9 月 12 日**

# 地主婆的院子

这摞书分类不明确,啥都有。翻开这本《小管家》,画得倒颇有意思。用笔甚简,尤其背景只取最必需的:几个稻草垛,那就是几个稻草垛,其余空白;稻田的边沿,那就只见稻田边沿的麦秆、麦穗,其余留白。而树总是有,繁枝疏条地穿插在人物中间,表现人与人心理的屏障和对垒。画人也是简淡落笔,地主婆梳个抓髻,细条脸,向下撇的小眼睛,跟她纠缠的孩子眉毛短而浓。

"这本书五块钱算了。"摆摊的男子忽然说。他可能守了三天摊子,累了,懒得再多说,集市要散了。

好好,我买了。再转到另一摊,翻开一本《机警的孩子》。翻着翻着我发现这本书的内容和刚才那本《小管家》是一样的:都是地主婆偷麦子,机警的孩子处处留意她,跟踪她,几番失败后终于把她揭露。我好像走进了一条久远的小路,越瞧越眼熟——孩子走到地主婆家的院子外面,从门缝往里头张看,地主婆正在用大簸箕筛麦子。哎呀,这就是我小时候特别喜欢的一本小人书呀,是别人的,我跟爸爸到他们家去玩,看到这一幅,最感兴味。那家人住的是平房,也有个矮墙院子,童年的阳光,迟缓地爬在墙头……

"这本,一百块。"闻声过来的摆摊女人说,她讲本地话。

"实价多少?"

"实价六十。"

"十块怎样?"

她轻笑一声。天落下几点微雨,她叫来一个伙计把摊子收进去。她就是在这市场里面开店的,不是从外地来赶这连环画集的。跟她谈价没可能。

算了。下次我再以这本书为目标,多找几个主,有些空子可以钻得到。要是把这本《机警的孩子》跟《小管家》放在一起对着看,该是好玩。

《小管家》里也有这一幅——

"吃了中饭,少正悄悄跑到大肚皮家门口,只见大门关得紧紧的。少正扒着门缝朝里一看,吃了一惊:大肚皮坐在一大簸箕麦子旁边,正在往外拣泥巴和石子。"

这幅画肯定要画出两个层次来。院门外,孩子扒着门缝往里瞧；院子里，地主婆腿上搁着大簸箕，旁边几只鸡在啄食。这内外的两层是不是我觉得饶有兴味的原因？本来院子里面是看不见的，可是在画里，取一个人为的视点，里里外外全看清楚了。而且在这画里，门外的孩子是紧张的，门里的地主婆是松弛的，一静一动，无声的张力，以院墙为分隔。几棵树掩映在院墙上方。

地主婆也不容易。偷点麦子，要费好多心计和手脚。农忙的

19 吃了中饭，少正悄悄跑到大肚皮家门口，只见大门关得紧紧的。少正扒着门缝朝里一看，吃了一惊：大肚皮坐在一大簸箕麦子旁边，正在往外拣泥巴和石子。

《小管家》，浩然原著，戴蒙绘，湖北人民出版社1975年版。

时节,推说腰疼不出工,又提个篮子到麦地,碰到人就说在家闷不过,来挖点野菜给猪吃。野菜底下,盖着一把小铲子、一把小剪子,趁没人,缩颈爬地,剪下许多把麦子藏在野菜下面,再偷偷埋在一个地方。等天黑,再带个麻袋出来,挖开土把白天埋的麦子运回家……

吃过中饭的午后对谁都是好时光。地主婆一个人坐在她家的院子里,晒着太阳,把费了大力气弄回的麦子择一择,筛一

(16)他扒着门缝一看,地主婆正坐在太阳底下晒麦子,再一看,还有麦皮、麦秆呢!那不是她从田里偷来的新麦吗?

《机警的孩子》,浩然原著,钱志清改编,李铁生、汪玉山绘,上海人民美术出版社1973年版。

筛,想必心情是特别地畅意。多舒服呀!可是,嘭嘭嘭!那个可恶的老是盯住她的孩子使劲捶门了。地主婆嗖地起身收拾大簸箕进屋,再收拾出另一个大簸箕。等队长赶来,她好耍赖:"看呀,这麦子是去年的陈麦子,上面还有虫咬的眼呢!"

日子难过啊,难得清净一下都不成。那个孩子也得费好些天的工夫,跟踪、盘查,在院门外窥探,爬到杨树上了望,好多次找队长,把小伙伴都叫来,把社员都叫来,把他爸爸也邀上晚上出击埋伏,才终于把地主婆抓个现行。

现在没有地主婆了,也没有院子了。可我真想像这地主婆一样,午后一个人坐在自己的院里……哪里有院子?别墅。一辈子挣钱来买它,一星期只在周末带上两天的食物储备去住一下,先花几个小时做卫生,然后做饭,睡一觉。在院子里坐不了一下就要回城了。我要的院子不是这样的,是老式的,乡村式的,砖头土坯的。我们学校的山脚下有些房,一楼可以圈出个院子。那真是过日子啊!院子中间正好有棵树,树荫掩蔽小院,我羡慕疯了。认识的住户笑道:"哪有什么'正好'?这树是我小时候在山上挖的,种在这里的。现在它长这么高了。"

2007 年 11 月 16 日

# 自古来草膘料劲水精神

这本《槽头战斗》只卖一块钱。老板当然不是外行,他跟我说:"这书文革版的,要不是品相差,肯定不是这个价。"我巴不得多碰上这种"品相差"的小人书:只不过是封皮撕了一个角,里面干净平整,旧得自然,不是翻旧的,是印刷出来后沉淀了三十多年的时光使它的纸页微微泛黄。这样一本小书多贴心哪。簇新的十成品相书其实并无必要,估计多半有价无市。

这文革版的书画得还真不赖,翻开让人眼前一亮。它是集体创作,画家连个署名也没落,我们只知道他们是"天津艺术学院绘画系版画班二年级工农兵学员、教师"。毕竟是科班作品,尤其还以学生为主,每一幅画都认真地体现出他们的真材实学——让学生实习,他们往往相当敬业和专业。他们是由老师带着去实地写生搜集素材的吧。有一幅,"灵芝和二婶骑着自行车,顺着柏油路来到解放军某部养猪场",田野边一排高大的杨

17　第二天一大早,灵芝和二婶,骑着自行车,顺着柏油路,来到了解放军某部养猪场。

《槽头战斗》,刘庆昌编,天津艺术学院绘画系版画班二年级工农兵学员、教师绘,人民美术出版社 1975 年版。

树挺立,这可能就是学生们在途中看到的景象。往乡下去的路上总能看到这样美丽的田野,它们流动着在我们的视线中掠过,是沿途的背景,不是目的地,回想起来却喧宾夺主,可惜当时未能驻足。这幅画面的鲜明济楚,记录了学生们那一天的好心情:野外,高阔的天阴晴不定,茂密的杨树叶子随光影变换明暗程度,身边同伴的脸也是。旷野上吹来的风,带着透明响声,从杨树排成的阵中穿过……

灵芝跟二婶是去养猪场取经的。场里用新发明的"无曲盐水"发酵饲料喂猪,喂得膘满肉肥,王二婶琢磨也学着用这个来喂队里的大牲口。经取回来了,发酵饲草好学,难的是牲口不吃。都是队里干活使力的马、驴、骡,怎肯吃这软塌塌的粉碎发酵草面?普通的牲口,慢慢也就吃了,倔的、有力气有脾气的那匹大黄马,它连闻都不闻,宁可饿着。别想骗它!它干活时出的力气是真的。队里的坏分子趁机吹风,说发酵饲草是荞麦皮打浆子不沾气,自古来草膘、料劲、水精神,女人家拿着牲口当玩意儿。听了这话,最着急的是干活夯实而思想不够先进的队长大壮。大壮说麦收忙、得多加料,可是他犟不过社员们一致支持的王二婶。

二婶一把一把地捧着饲草喂马,抓着草在马嘴上搓。取两个饼子搓烂了撒在饲草上,马也只吃那点沾了干粮的饲草。再怎么办?"饥糠甜如蜜",二婶打算饿它两天。大壮气得扔鞭子,到吃晚饭时他端着饭碗来看马,马还不吃,他心里好难过,把自己的饭和饼子全倒在马槽里。

我总是同情动物,尤其不会说话的牛马。人饿了我不觉如何,牛马饿了,我心疼它们超过自己——遭孽!它们生来是牛马,被套着驾辕终日劳碌,吃得指望拿鞭子的主人。我恨拿鞭子啪啪抽它们的人,恨饿它们的人。温厚的牛,本来不该耕地的马,顺耳俯首的驴,高大而被视为低贱的骡,我默默看着它们,

1　张庄一队的牲口棚里,越来越红火了,喂着三头大牛俩毛驴,两对大辕骡,两匹小黄马,还有一匹大黄马,新近又添了俩乌黑锃亮的小骡驹子。

要是附近有草,我总要扯些来喂它们:快吃呀,可怜的。可怜你们一生都不会说:我累,我饿。

我要是进了这个生产队,准是个落后分子,或者被看作队长的马屁精。队长说得多对啊:"可靠的方法是多喂粮食。"他就是对的嘛:光吃草面,牲口哪有劲?连阶级敌人贾拐子,他背着人偷偷抓一把大麦穗给马吃的时候,我对他都产生了好感,我就像那匹饿久了终于吃到粮食的马,从胃里到心里都有了暖意……

而马终究还是给拧过来,吃服了。饿着肚子出去耕一天地,回来,喂发酵饲草也肯吃了。贾拐子在外头喂它麦穗让它窝住了食,经王二婶的手治好,王二婶就更正确了——既然吃惯了饲草,就再不能够吃粮食。粮食省下来了,牲口一个个看上去也是膘肥体壮,大黄马在生产队里顶一台拖拉机使。成功了。成功了呀,就是没人问:马儿呀,你想不想吃粮?既然发酵饲草这么有营养,那为啥人不吃,要给你吃?

王二婶高兴,社员们高兴,队长也高了兴,来写生的学生们也高兴。大家的高兴都是真心的,因为后来的结果,要等好些年之后才显现出来:怎么猪肉不好吃了?怎么土鸡蛋不香了?怎么所有的蔬菜,都只剩了形状不同,味道全一样了?

要寻找譬如土豆的味道,得到老远的记忆里去寻:快开中饭了,幼儿园里饿了的我,趴在桌上等待老师一碗碗地盛饭。今天吃什么菜?深色的,一片片的,不会有这么多肉片,那可能是土豆片吧。没有肉的话,土豆就最好了,香醇浓厚顶事儿,比萝卜白菜强得多……

那个年头,我在幼儿园里怀想土豆与肉,那批年轻的艺术学院的学生们则去乡下采风,向工农兵学习怎样才能多养猪,让群众都吃上肉。

2007 年 12 月 18—20 日

# 梅子欠点儿酸

哇,我今日方知四川画家陈和莲是位男性。我家里有三本小人书都是他所画,一套《说唐》中的两册《群英聚义》、《三鞭换两锏》,还有这本《杨梅》。我以名度人,一直当他是个女的,所以特别记得。难为"她"跻身众多男画家群中,跟他们一道画武将兵卒、盔甲马匹、沙场绿林,这个女人不寻常。因为意识中有了性别框定,我看"她"笔下武夫们的身材,尤其腰、胯、腿的线条,好似都带有女性特征,还有那战裙,绽开的形态也像女子的裙摆。"但这个人的马画得好,很准确。"我爸爸说。于是我留意一番,记住了几个大致的谱,自己画马时不至于让马跑出离谱的动作。

谁知他竟是个男人,我的感觉都要翻过来。他的名字也变得富有意趣,差点就"陈老莲"了。他从一个县里的中学美术老师起步,转至文化馆、美术馆当干部、当副馆长和副研究馆员,直到当上地区美协主席——不容易吧,在一个县份上当画家,几十年一点点地奋斗。唯一容易的,是他们劈面就看见山,伸手就捧到水,山水向来是满满地盛在胸怀里。

我犹记得爸爸带我在新华书店买下《杨梅》的情景。拿给我们的这本,封面的印刷有问题,调色的两重没能叠在一起,使得杨梅的实像之外多了一重红色的虚影,仿佛她的分身离魂,跟她一模一样地笑着。爸爸和我都没觉得该要求换一本,觉得这样子蛮有趣——爸爸跟我都喜欢怪一点的东西。

这本书打击的是贪污盗窃、投机倒把。我小时候搞不懂这是什么意思,现在贪污盗窃这个词还在,投机倒把这词早没了。投机倒把的分子叫巫得福——瞧这名字,姓了"巫"还不够,还又"得"又"福",简直没机会成好人。巫得福在物资站当采购员。金河生产队修建水电站,缺少钢管。队长老田是巫的老表,正发愁,被这巫表弟拉到饭馆,提出只要队里支援物资站四百斤红糖,他就可以弄来钢管。老田想队里的红糖交售任务早完成了,超额的也是放着,一拍大腿就同意。结果杨梅说这是"以物易物,乱搞协作",仓库保管员也同他吵,开拖拉机的小刘也开倒车把他往回带。我小时候觉得他们一语双关的对话多么妙:

"小刘,咋个搞的?方向都整拐了。"

"你的方向才拐了!人家杨梅的话,符合毛泽东思想,你为

3 半路上遇到保管员,保管员说:"昨天老田听说县里又挠了一批钢管,赶忙跑进城去,连夜赶了回来。天没亮,又带上红糖坐拖拉机走了。"杨梅很奇怪:"带红糖去做啥?"

《杨梅》,根据同名小说改编,陈和莲绘,四川人民出版社 1976 年版。

啥不听?"

杨梅的一句"歪门邪道",老田听得火直冒。他是不存私心的,真心为集体着急,保管员不给提红糖,他说借都行,先把钢管换回来,他以后拿自留糖来还。他的巫表弟来攻关,也不过给他拎两斤挂面、一封饼子,那年头人手里有个啥? 结果全体社员反对老田,他气啊。

而杨梅这女将,好生厉害! 看她在桌上猛击一掌,喝问巫得

54 杨梅问道："你来金河有什么公干？"巫得福小眼儿眨巴："好说好说,我是来支援农业。听说你们修电站缺钢管,我们李主任派我来联系。"杨梅手一伸："介绍信！"

福,字字句句堪比机关枪："巫得福,你别装蒜了,老实交代钢管哪里来的？套购红糖去干啥？身带空白介绍信和发票搞什么名堂？"巫得福是大汗直冒,可我这局外人,过了这么些年,年纪比杨梅都大了,还是辨不出巫的话是不是有问题："钢管你们按国家调拨价给,红糖我们按供销社收购价买。"晕,我听不明白,杨梅立即的反问让我更加糊涂："那交不交糖税？"

杨梅他们自力更生,用木管代替钢管,青年突击队员们奋战好几天才安上,给水一冲就垮了。唉,这个连我都能料到,难为他们商量出这么个点子。他们又转念,去挖江里的石头打成石管,用水泥接上缝,说不怕水不生锈,百年不烂……愚公的精神也无非如此吧,青年们争着去运石头,姑娘们学着打石管。只有老田一个人被孤立了,他还是队长呢,队长总是没有书记对,在所有的阶级斗争故事里头。

杨梅是党支部委员。她穿一件枣红上衣,坚持原则的身姿矗立在山间,"像一株怒放的攀枝花"。她的衣服裤子都十分肥大,那时候的女式服装,估计跟男式的只有尺寸差异,决无腰巧、胸线。陈和莲画的杨梅的身材,还不如他画的隋唐武将那么腰是腰腿是腿的。老田赌气不理她的时候,望着她吭哧吭哧扛一块上百斤大石头的身影"不很粗壮",心里不是滋味。梅子啊,太甜太熟了也不好,最好还是带点儿酸……

2007 年 12 月 11 日

# 杏黄时节割麦子

我上小学二年级,听老师说要办图书角,让每个同学捐一本书,我马上举手,说我要捐《杏黄时节》。这是家里我最喜欢的一本小人书,好看极了,我想让我的同学也都看。读书的时间,拿到这本书的同学隔着几排座位向我举起它,我俩会心地笑,跟分吃了甜杏儿似的。

后来图书角办完了,老师按登记的名字把书一一还给了我们。起先没说要还的,我那时是年纪小,要是大些,怎舍得捐它?真要归公的话,我现在想到它该有多怅惘。那上面还有我用蜡笔涂的颜色……

我没吃过杏子。它上市是什么季节我不曾留意,也没听过"麦熟杏黄,绣女下床"的农谚。但我能从这本小人书里得到线索:杏子黄了,麦子也黄了,社员们不是在给解放军送杏子,而解放军在帮助生产队收割么? 城里长大的孩子总被乡下孩子笑话,镰刀锄头自然是不会拿,连吃的米是水稻还是高粱,他们也不一定知道呢。水稻高粱粟米小麦,我只在识字卡片上见到过,字是认会了,它们可还是分不清。

"哎呀,死丫头!"灵机一动,把杏篮儿放下就跑的水燕,和刚进连部门口的三奶奶撞个满怀。这句笑骂多俏皮,是引我注意的第一个小高潮。解放军不肯收杏子,妇女们个个放下篮子跑了,等连长和指导员把撒了满地的杏子都捡起来,院子里一个人也没有了,只剩下一篮子又一篮子又黄又大的甜杏儿。

解放军要帮助抢收麦子,社员们说啥也不肯:同志们已经太累啦!连长趁晚上把杏子送回队里的时候,隔窗听见队长在布置明天的麦收任务:"不打钟,不吹号,鸡叫头遍就出发。一定注意保密!"屋里"电灯通亮",提着篮子的连长在院里停下了脚步——这是我喜欢的第二个场景。屋子外面应该很黑吧?白描的图画看不出夜色,线条依然清晰,不多远处牲口棚里的马在静静地看着连长。

我还爱看妇女主任春霞次日的起身。鸡一叫她就起来,"蹑手蹑脚走到院里,只见月光铺地。她抬头看看庭院里的杏树,不由想起了解放军帮助生产队抗旱的情景"。春霞轻轻取下挂在墙上的镰刀,走出家门,半路上碰到水燕,就一块儿走,走到三奶奶家门口,正巧三奶奶推开她的院门走出来。——三奶奶家

26　春霞在半路上遇到水燕，两个人一块向前走。路过三奶奶家门口，正巧三奶奶推门走了出来，春霞问道："三奶奶下地吗？"

《杏黄时节》，刘振华原著，郝恩光改编，石豁意绘，辽宁人民出版社 1975 年版。

的院墙只半截高，门是树木扎的横栅栏，多么有趣啊！她们仨彼此提醒小声点，怕吵醒了解放军同志，一路上她们轻声夸着解放军做的种种好事。我猜，这时候天还黑着吧？年轻的水燕边说话边挥舞镰刀，这是黑暗中才会有的忘形。起了个绝早的天哩，走在乡间小路上，空气多清冽，心情多占优势。尤其她们自信得计，终于能让解放军歇个好觉，她们抢在了头里！

麦收是龙口夺食，半夜起身的社员们埋头猛割，唰、唰、唰……东方刚刚放亮，南坡底的二十亩麦子割完了。这时，一个

35 春霞把袖子一卷,喊了声:"干!"三个人便跳下麦田,割了起来。

护麦民兵飞奔过来报告,村北杏花岭的二十亩麦子全不见了!队长一听,带领社员直奔村北。麦地果然一粒麦穗也没剩,干干净净。正犹疑间,从北山坡传来《三大纪律八项注意》的歌声,由远及近——

"慢慢地在半山坡的杏林中,时隐时现一团团金黄色的麦堆,摇来摆去,就像一个个朝下滚动的小山。"

写这个故事的人,肯定见过人在山坡上挑麦的情景吧?不然怎能寥寥几笔就生动形象,活泼如画,叫我这连麦子都没见过的孩子多年铭记于心。作家的技巧也圆熟,在社员与解放军会合的高潮,拴条边线来结尾:队长派的几个再去挨门挨户送杏子的社员,挑着担子赶到,说一大早跟着解放军追,兜了个大圈子现在才追上!

社员们激动得热泪盈眶:这回,还是没解放军起得早! 他们总是帮我们,从来不肯歇一天! 那个年代人的感情啊,多么地朴实纯粹无保留,一颗心可以摊开来看,全部要呈给对方的! 这是真的,有几十年,中国的人们真是那样的。

我上小学二年级,曾经在冬天里早起跑步。六点,我跑到外面,天还是黑的。但没有任何不安全,没有坏人,如果是夏天人们睡觉连门都不关的。早起的感觉真好,比别人占了先,也不觉得冷了。我跑到天蒙蒙亮,跑过一个走路的伯伯身边。"咦,小女孩儿。"我听见他自言自语。

2007 年 12 月 22—23 日

## 海边出生,海里成长

"'嗨——同志,你怎么称呼呀?'

"'就叫海——姑——娘——吧!是——石子岛的!'随着这声音还传来一阵咯咯的笑声……"

1975年,三岁的我偎在妈妈身边听这个故事的时候,世上还没那支歌:"小时候妈妈对我讲,大海就是我故乡。海边出生,海里成长……"此情与彼景重叠,但此与彼不相干,中间隔着一些年。这一些年的相隔是必须的,在回忆中造成一重套一重的怀想,使它层次丰富。这深沉的女中音出现时,我快长成个少女了,恰好能接收这音域里宽广的包容性:大海、母亲、童年、故乡。

故事的开头还有枪声,那是在解放前夕。郭海岚的从事革命工作的母亲在东海的一个海岛上生下了她,并把她寄养在渔民家里。这书开头的几页在我小时候就撕掉了,所以我听到的海姑娘的故事,直接从雾天的海上一个危急的场面切入——

"钟鹏拼命地摇动小舢板,前边又传来哗哗啦啦的浪涛吞吐声,啊,不远处又是暗礁丛!

"'抓——住——'这清脆响亮的喊声,压倒了浪涛声;随即'唰'的一下,一根粗大的渔绳飞落在他的脚边。

"小舢板慢慢地被拖出盘潮……

"两船相距不到两丈远,可是彼此都看不清。钟鹏仔细张望,才模糊地看到前面小舢板上站着的人是一个姑娘。"

浓雾天的海,我们真无法想象。远距离地在画上观望,我们能隐约看到又黑又大的礁石、山石,大致知道海岚的小舢板在什么地方;但若设身处地把自己想象成海岚,那就什么也看不清了,眼前只有茫茫白雾,左右前后都冲不破的白雾,把眼睛给蒙上了的白雾。雾蒙蔽了意识,但海岚知道,上面是雾,下面是海。海给她意识和知觉,给她支撑,她踏在舢板上的双脚,与海浪早已形成默契,熟知其高低回旋,并不需要眼睛。她的手摇着橹,手和橹和船三位一体,根据脚对海浪的感知,做出的任何动作都是协调的、得力的。路给她划出来,她在行进。她的耳朵,在海上经过长期的磨炼,能听到混在波涛声里的,几乎听不见的细小异声,并判断那是什么声音,是有人触礁,还是有人在搞破坏……

被搭救的钟鹏以为,她一定是个从小在大海里摔滚大的渔家姑娘。她不是。她生在大海边,却长在西湖畔,初中毕业后,她的母亲响应毛主席的号召,把她从城市又送回海岛。岛上有早年曾抚养过她的林支书夫妇,他们盼望她能安家落户。渔村静谧而美丽,而大海,对新来者凶狠又狰狞,出过海的人都不会忘记最初出海的几个月:晕,吐,人的外部和内部都在翻江倒海,把人折磨得生不如死。从西子湖畔来的姑娘,能在海岛上待多久?入夜,海岚坐在灯下,仰望着毛主席的像,喃喃说道:"大海并不可怕。……"她房外,端着鸡汤来看她的老支书夫妇心头热了。

"一、二,脚踏实呀,嗨——唷——,手把稳哪,嗨——唷——"随着老支书响亮的号子声,海岚手中的大橹渐渐合上了节拍。三个月,她闯过了晕船关。每个夜晚,等渔家老少都睡下,她独自一人到海上去苦练驾船功夫。海上有一盏长明灯,与她遥相依偎。一个风雨之夜,她自告奋勇渡海送一个病孩子去医院。我小时候看着这幅图出神:风雨扫荡,浪头汹涌,海岚头戴斗笠站在船头,船舱内,生病的孩子被裹得严严实实,躺在他妈妈怀里。我好羡慕这个孩子!——入冬的下午,屋外刮着大风,妈妈给我煮了一碗烫饭。我捧着碗,故意地坐到门背后的暗影里,体会这加倍的温暖与安全。

海岚跟姑娘们建海带养殖场。她们在海港里打桩架连索的

44 海岚撑着船，摸着黑，在风浪中整整搏斗了三个小时，终于把病孩子顺利地送到医院。

《海姑娘》，方楠原著，孟庆江绘，人民美术出版社 1975 年版。

情景很有趣，好像几个人挤在一堆爬竿，争争抢抢的。另一些姑娘在把夹好苗的海带绳往海里放。深冬腊月她们夹海带苗，个个把双手泡在盛满海水的大木盆里。她们冷吗？手是不是又红又肿，动作失去了灵活。我喜欢在冬天里看这些画，画里画外的风雪通连了，我身临其境。海岚面前的苗桶里浮满冰碴。林大娘来给她送新棉袄、热火囤，母女俩一起坐在桶边夹苗，苗棚外的北风夹带雪花，不时飘进来。突然，"哈嘿！娘儿俩还在搞竞赛哪！"老支书披着一身白雪，闯进棚里。他那个交抱着胳臂、臂弯

48　接着,她又和姑娘们在青子港里打桩架连索,建起了海带养殖场。

里搭一件衣裳的姿势很像我的爸爸,我有些错乱,抬眼看看,是爸爸下班回来了吗?没有,我和妈妈还在等他。妈妈接着往下念这本小人书:

"海带养下去了,它们按自然的规律变绿,变青,变成茶褐色的了。经过一百多个日日夜夜,试养终于成功了。海岚的脸,也由白净变成黝黑,透出了枣红色。"

海岚完全变成个渔家姑娘了。从头到尾,即使在最艰难的时候,她也没想念过她的母亲。其实她母亲养育了她十来年,养父母只抚养了最初的三两年,不知为何那十来年被轻轻抽去,不着痕迹了。可那分明是分量更重,使她长大成人的十来年啊。设想再过一些年,扎根海岛、也有了儿女的海岚听到《大海啊,故乡》这首歌,心头会不会百转千回。"海风吹,海浪涌,随我漂流四方。"女儿长大了就要离开家。她的父母,永远在童年,在故乡,在老地方。可是,在远方的杭州,她还有一个日夜念着她的妈妈……

2007年12月23—26日

## 辑二 打仗系列

## 荷花箭,荷叶香

要画孙犁的荷花淀,硬笔肯定不能达意,得用水笔。淡墨、水彩,随湿笔在纸上洇开,水意充盈了画面。一个地方有了水,心境自是不同,古来的山水画,意境再高古不群,也仍然属于同一群,唯有改换时空条件才能翻覆——看,在抗日战争的条件下,你还有没有心境欣赏水与荷花。

"她有时望望淀里,淀里也是一片银白世界。水面笼起一层薄薄透明的雾,风吹过来,带着新鲜的荷叶荷花香……"

这女人编着席,在想心事。孙犁笔下的人物,都是农村的,不是传统山水画幅中点缀的山野闲人,都是有事做的,忙于农事和打仗的男人和妇女。妇女还多于少女,她们已经结婚,肩上有沉沉的担子,模样没有描写,想来不过平常,可是,真美——最高级的美是以心灵面世的。她们心灵的形态,与白洋淀水乳交融,她们自小在这里生长,对这片白茫茫的水域,开阔激荡处,转弯抹角处,熟稔得就像是自己心灵的场地,游刃有余。

"她们从小跟这小船打交道,驶起来,就像织布穿梭,缝衣透针一般。她们摇的小船飞快,小船活像离开了水皮的一条打跳的梭鱼。"

"大船追得很紧……"

"假如敌人追上了,就跳到水里去死吧!这几个青年妇女咬紧牙制止住心跳,摇橹的手并没有慌,水在两旁大声哗哗,哗哗,哗哗哗!"

跳到水里去死,想法多么简单,乡下女人常常会想到这条路来对抗她们赢不了的危局,并反败为胜。也是她们的丈夫教的:不要让鬼子汉奸捉活的,捉住了要和他拼命。女人在这基础上做了加工,使它更简易可行,且不违丈夫的嘱咐,和自己的清白。她们手里握紧了这条底线,人们对她们便生出敬畏之心,没人性的鬼子除外。假如群体的鬼子当中有个把还残存着些许人性,他们会模糊懂得,这些中国的乡下女人,是不可征服的,她们不惜命,会跟你拼命。拼不过,她们就死,宁死也不受你凌辱。并非只有你们国度的女人才有贞操,尊严。这些中国乡下女人甚至比你们的女人更有想法,她们的活泼泼的生命,就如你们不可掌握的白洋淀的大水。

女人们的小船摇进了荷花淀。荷花淀水浅,鬼子的大船进

渐渐听清楚枪声只是向着外面,她们才又扒着船帮露出头来。她们看见不远的地方,那宽厚肥大的荷叶下面,有一个人的脸,下半截身子长在水里,荷花变成人了?……

《荷花淀》,孙犁原著,王长海改编,梁长林、陈文骥绘,人民美术出版社1980年版。

不去。"那一望无边际的密密层层的大荷叶,迎着阳光舒展开,就像铜墙铁壁一样。粉色荷花箭高高地挺出来,是监视白洋淀的哨兵吧!几只野鸭扑楞楞飞起,尖声惊叫,掠着水面飞走了。"要是没有这文字脚本,那画面完全是闲情逸致的:几个女人,误入藕花深处,惊起一行鸥鹭。有一种荷叫箭荷。即便是柔弱婉媚的花朵,也有剑拔弩张的品种,荷花淀里的荷花是有灵性的,知道侵略者要来,它也设置了哨兵。女人与它们,彼此呼应。

而战斗,就在这里打响,跳到水里去的女人们扒着船帮露出头来看,惊喜地看到了各自的丈夫——她们日夜思念的,鼓足了勇气偷着跑来探望却没探望着的丈夫,原来他们在这里。他们埋伏在荷叶下面打枪,让她们看见了打仗,女人是这么理解的:"我今天也算看见打仗了。有什么出奇,只要你不着慌,谁还不会趴在那里放枪呀!"仗打完了,男人们再泅到水里把敌船落下的战利品一样样捞起来,这样就到晌午了,该收工了。他们一人摘一片大荷叶顶在头上挡太阳,这样子,跟平时做活歇晌的他们有什么不同?忽然从她们的船底下冒出来的小队长不也跟她们拉起了家常吗,他说她们"该回去晒晒衣裳了"。

男人们说走就走了。三只小船,一下就消失在中午水面上的烟波里。有点怅惘,有点高兴,又有点埋怨……记得分明,他们在荷叶下面打枪的时候,半眼也没有看她们,后来打完了捞

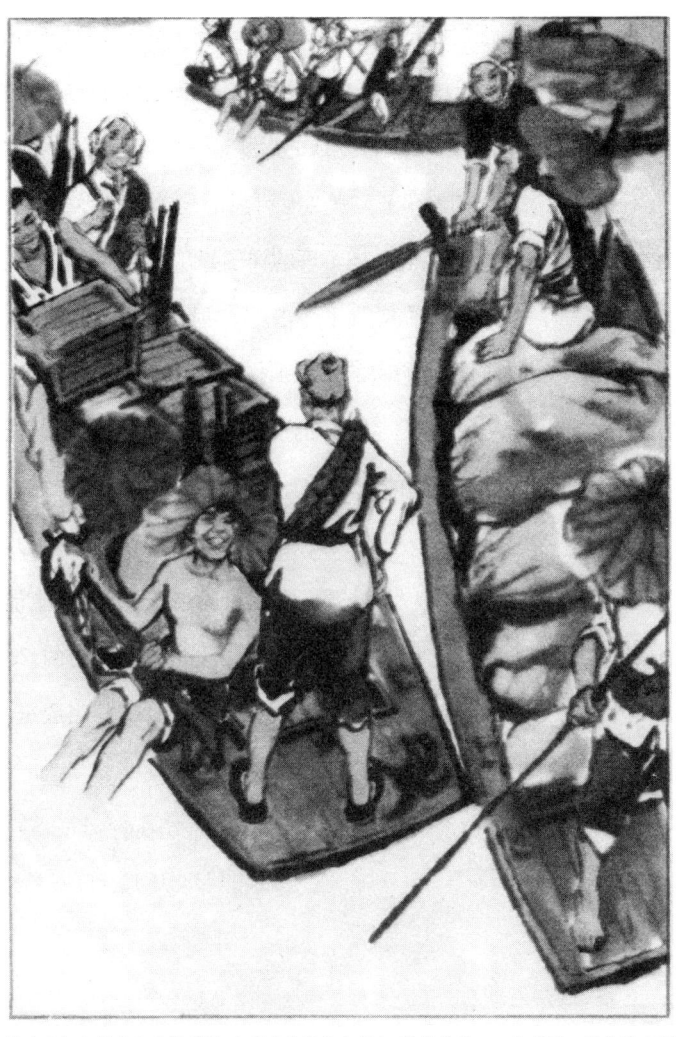

战士们把打捞出来的战利品,全装在他们的小船上,准备转移。一人摘了一片大荷叶顶在头上,抵挡正午的太阳。

东西,也没跟她们说上一句话。男人怎么都是这样的呢?平时熄了灯,跟你在炕头亲热,过后,变了个人似的,看也不看你了,做起事情来只有嫌你烦的,嫌你拖他的后腿,"一群落后分子!"水生不这样说了吗,多瞧不起人哪。他们都是这样的狠心贼。可是,已经嫁给了他们,他们爱搭不理的样子好像更招人疼……

"这一年的秋季,她们学会了射击。"学射击,想来应该是像小说原著里描写的住她们家的队伍那样:用白粉子在影壁上画上许多圆圈圈,人一个一个蹲在院子里,托着枪瞄那个。可是图画没有那样画,是这样画的:女人们分坐在两只小船上,瞄准着远处一只小船上竖起的靶子,大概是稻草人。她们托起的七八杆枪,约略平行,小船有人在划着,在划行的情况下,她们也能瞄准,你身临其境地想象,她们视线中的景物是不断旋转的、变换的,如优美的长镜头。她们身后是芦苇丛,有野鸭子飞起来。古来大同小异的山水图,终于有了这样一个变种。

2008 年 9 月 12—13 日

# 埋地雷的游戏

这本《地雷战》,是我家小人书不多的幸存者之一。我家成堆的小人书,十不存一,这本从小就陪着我,我还给它编了号:1号。还没上学的我,学着写字,一个"雷"字结构复杂,我的无章法的碎笔画把它写得像一个棋盘——好歹是凑拢来了,要在上面放几颗地雷似的棋子,是可行的。它为什么被我编成1号呢?我对它不是太感兴趣啊。

打仗的故事,是男孩喜欢的。像我隔壁的小中,他就特别喜欢这本《地雷战》,找我借过好多次。他找不着人陪他下军棋的时候,拉我下过,可是我哪里会呢,只帮他把棋子摆到位,师长营长连长排长,一个一个的长方小块,背对背站满了塑料布棋盘,然后就归他一个人两边帷幄了。他自己跟自己打,自己吃掉自己。我旁观,意趣索然,假如棋盘上的情节演化成电影,那还有些看头,那个年代的战争片男女老幼都爱看,来劲儿啊,一枪，毙掉一个敌人，一支手榴弹，炸死甚嚣尘上的一堆——敌人总是休想得逞的。偶有英雄人物牺牲，他们牺牲的姿态也特别壮烈、漂亮，还能同时拉上一两个垫背的，那垫背的倒霉鬼可就死得够难看。打仗电影的结尾是没有悬念的，我们肯定赢，中间的曲折是为了盘旋抵达胜利。不同影片盘旋的节奏、高潮，都是相似的，如同一支进行曲的变调，也如同一个函数的演算过程。

《地雷战》就是根据同名电影改编的连环画。先由浙江人民出版社出版，后由人民美术出版社再版。电影中，偶像式的人物是爆炸英雄赵虎。篮球似的两只地雷用网兜吊着挂在胸前，手里还提着两只，他以这样的一副姿态在小人书里亮了相。不过，他在小人书里的戏份儿没那么重了，这书是充分发动群众的调子，他只是合唱中的一个较高的音。电影中有个有趣的细节，赵虎为了研制"头发丝雷"，生拉硬扯地从女民兵玉兰的头上偷窃了几根头发——这是一个顽皮男孩的典型举动，它"造成了玉兰的极大误会"。是什么误会呢？我没看过电影，看电影海报上的玉兰长得相当俊俏，而那个年代的电影连爱情的暗示也难得有的。打个擦边球，其实什么都没有，那玉兰今后心里怎么回转过来啊？小人书去掉了这个细节，直接跳到后面，玉兰经过赵虎的窗口，看见他在里面摆弄锤子、钉子、茶壶，还有头发丝，明白了他在鼓捣什么，于是剪下她的长辫子，送给他。真的是什么都没有,比电影里还彻底,而玉兰在窗外窥看赵虎的那幅画,我小时候觉得真有意思。

书的内容提要里说:"这个故事是一曲毛主席人民战争光辉思想的壮丽颂歌。"按惯例,文革版小人书的最前面都有一两页印着毛主席语录,配合本书的题材和内容,这本书引用的是这两段:"真正的铜墙铁壁是什么?是群众,是千百万真心实意地拥护革命的群众……"和"动员了全国的老百姓,就造成了陷

17 雷主任和石大爷他们一起,一边造石雷,一边讲战斗故事,妇女们一股劲地碾炸药。标语刷满墙头,歌声响彻山谷:"民兵都是英雄汉,毛泽东思想来武装。造石雷、打日寇,炸得那鬼子无处藏。"

《地雷战》,根据同名电影,梅安才、吴元傅改编,张为民绘,人民美术出版社 1973 年版。

敌于灭顶之灾的汪洋大海,造成了弥补武器等等缺陷的补救条件,造成了克服一切战争困难的前提。"确实贴切,我不知道是毛主席通过地雷战这样的实例作出了这样的总结,还是地雷战恰好能够作为阐释毛主席军事思想的极佳案例——孰先孰后?毛主席用兵如神,这点勿庸置疑,我佩服的是它们二者的贴合程度:高啊! 读一读毛主席著作,再对照研究地雷战的成果,头脑顿时明晰而有条理,心里面也亮堂而暖洋洋。

《地雷战》原是八一电影制片厂拍摄的军教片,后来才当作

129 中野顾不得伤痛,跟跄跄地只顾逃命。他已给地雷炸怕了,满脑子里都好象地雷在轰轰轰地炸。一阵昏眩,觉得天旋地转,眼前蓦地出现了一个大地雷,而且越来越大,吓得他魂飞魄散。

故事片在全国公映。知道了这个背景,有助于理解它的说明文特点:各种雷,被安排在适当的情节中去展现其性能和威力。踏雷、绊雷、碎石雷、飞雷、天雷、连环雷、钉子雷、夹子雷、头发丝雷、门雷、窗雷、台阶雷、真假雷、土化学雷……我方造雷埋雷,敌人探雷起雷,我们再"反探雷"、"反起雷"。最能体现这种针锋相对的心术的,是蝎子雷。日伪军进犯村庄,把被俘的村民推到前面踩地雷,好啊,料到你会这样,那就让村民们踩上踏板,后面起霹雳——这是蝎子雷,前面踩后面炸,你毒我比你更毒。火光冲天,地动山摇,敌人尸骨横飞,群众毫发无伤。《地雷战》的故事,洋溢着革命英雄主义的豪情,和喜剧的氛围。地雷战是确有其事的,赵虎也是有原型的,倘若全国大范围都如此,那么日本鬼子早就被赶出了中国,哪有几十年后仍然历数不尽的血海深仇。

多年后,长大了的小中跟我说:"军棋其实是最不好玩的一种棋。它缺少相生相克、彼此制约的机制,只是一味的大吃小。"他小时候那么喜欢下军棋。地雷战在他的童年,也只是埋地雷的游戏吧。

2008 年 9 月 15—16 日

# 光头海娃不见了

刘继卣,连环画贩子们爱把他叫作刘继卤。这个字肯定不读卤,写法只相差一点点的两个汉字,它们的读音一定相隔很远;而且就字形看,其心方正的才会是他的名字,交叉就不像了。这个字读"有":yǒu。

刘继卣什么都有。他是连环画坛的泰山北斗。凭你要什么,都可找他拿:要文他有《东郭先生》,要武他有《武松打虎》;要富他有《武则天》,要穷他有《穷棒子扭转乾坤》;要姑娘他有《朝阳沟》,要孩子他有《鸡毛信》。如果故事中有动物参与,他就更加超卓,人莫能及:先哀求、后变脸的狼,"一扑、一掀、一剪"的虎,花果山上散漫的群猴。他描绘动物皮毛有手绝技:"劈笔丝毛",他画孙悟空的脸就用此法。连环画家在上海的多,刘继卣是天津的,天津多出奇人。他是天津八大家之一的"土城刘家"后裔,其父为著名画家刘奎龄,以擅画鸟兽著称。刘继卣得其家传,后又在美术馆学了一年,就"出来混"了。他那叫任何人挑不出一丝差错的画功可不白来,他有一回在动物园里画动物,一画一天,把带去的小女儿给搞丢了。

我想找他的《鸡毛信》。在网上发帖问谁有,二人回应,说帮我扫描。可是我得先看全书再找写作角度,总不能让人家帮我扫全书,两百多页呢!我又去了趟古董街。跟上次一样,重印本的《鸡毛信》在杂合成"一套"的丛书里面,一箱子五十多本,还是没办法买。我就站着把《鸡毛信》翻了一遍,暗暗记下故事梗概和我要的页码。又转至另一家门店,这家的货最全,要价一向高,高到不能谈只能不买的程度。老板心情不错,满面春风,说难得有女同志玩这个啊,我给你优惠价。我随口问有没有《鸡毛信》。他说有啊!就是品相不好。去找了来给我:"两块钱。"什么!我立即掏钱,居然全不费工夫。

回家来细看,不对,海娃怎么长出头发来了?我在那儿站着看完的那本,海娃是个光头哩。面目,也像有变化,那个憨拙些,这个细致些,尤其封面由另一人画的海娃,长相更是到达了俊秀,浓眉大眼,聪明外露,像小演员扮演的。上网查了一下,光头海娃是刘继卣五十年代画的第一稿,长了头发的海娃是他在文革期间修改过的第二稿。那就难怪了,文革期间,怎能允许海娃被画成个光头。

《鸡毛信》，华山原著，张再学改编，刘继卣绘，人民美术出版社1950、1951年版（上、下集）。

倒退回五十年代，怕也只有刘继卣才想得出海娃是个小秃子吧。山里娃，土头土脑，打扮荒唐，他为什么不长头发，这超出你的理解。可是那些灵光乍现的鬼点子，就出自这样的脑袋瓜，这自小在山里摸爬滚打、成了精怪的孩子，你不是他对手。山里娃的举止，顾不上那么讲究，他们觉得怎么好就怎么来，憨也好拙也好，他们的动作绝对灵便、高效。海娃还是儿童团长哩，孩子头儿,智商情商更高一截,聪明脑袋不长毛。添上了头发的海娃,我瞧着反而不自然,这样一个桀骜不驯的孩子,似乎不应长一头如此服帖的头发。还是那个光光的圆脑瓜给人印象鲜明,独一无二,不可磨灭。

再翻看,发现这一版还有更多的损失。我看中了记在心里的几幅图,都没了,怎么恰恰是我看中的被删掉?海娃的爸爸交给他鸡毛信之前,两父子有一番说嘴。这个很生动,海娃犟啊,他不会像革命电影里那样,永远懂事地跟是党员的大人默契地对话,暖融融地心意相通。海娃觉得自己对,是会同他爸爸吵的。新版删了这个。结尾的改动也是同一思路,老版里,负伤的海娃对连长说:"什么都不要,就要一支枪!"新版变成了:"一定要跟着叔叔们干革命!"

战斗故事里有些十分有趣,类似游戏的因素,比如"消息树"。海娃在山上俯瞰,山下的炮楼里爬出一长溜黑点子——鬼子出发抢粮啦!他就放倒消息树,通知乡亲们转移。老版里的日本人也有与此对应的细节:鬼子们黑夜进了村,放起一堆火,远远望见另一所村庄里也放起了一堆火,哈,这群鬼子和那群鬼子通上消息啦!鬼子们高兴得又蹦又跳,吱哇乱叫,有的还在地上打滚。这个细节活灵活现,可惜也删掉了。从旁观的海娃看过去,这些语言难听、丑态百出的鬼子是群什么怪物啊,海娃的观

117 现在只剩下二十来只老羯羊了，都挤在海娃身边，吓得簌簌地直打颤。

感一定能传达到读者这里。

  鸡毛信。一根鸡毛表示不得延误，两根鸡毛表示快步转送，三根鸡毛表示连夜火速转送。交给海娃的是一封插了三根鸡毛的信。可惜鸡毛不能把信带上天，要靠海娃翻山越岭。他把羊鞭递给爸爸，他爸不接，叫他赶着羊群去送信。"赶羊送信，那啥时候才能送到？"海娃问得好，他爸却说，赶着羊走安全些。不知道海娃和他爸谁的智商高。

海娃赶着羊走。每幅画上，都有一群羊。画法是白描，可是羊的身形轮廓、毛皮质感、姿态神态，都刻画出来了。羊啊羊，羊的样子。刘继卣不厌其烦地画好每只羊。他是认真，也是骄傲：看看，这是我画的羊！我的绝活！世上的羊都长得一个样，弯曲的角，哀悯的眼神，一步一步，走向末路。羊都被人宰了吃，而这群羊，死于非命，被鬼子活砍乱杀地吃——一刀劈下羊脑袋，剥皮开肚，心肝肠肺到处丢，拿刺刀叉着在火里烤，焦膻气令人作呕……哪儿是人干的事啊，剩下的十几只老羯羊吓得都挤在海娃身边，扑簌簌打颤。那只领头的老绵羊，它的大尾巴底下就藏着海娃的鸡毛信，它也差点给拖去宰了哩，亏得它力气大，四条腿钉在地上，伪军"黑狗"拖不动，海娃又说，它太老啦。鬼子们才打趣黑狗，说留给你做妈妈，黑狗再骂海娃：留给你做妈妈！

海娃的鸡毛信经过长长的一波三折，肯定能送到目的地，这个我们可以放心。我觉得《鸡毛信》的中心场面，是鬼子强盗在打谷场点火杀羊的情景。几十只羊牺牲了。机智勇敢的海娃，此时也没了办法，他的羊已经是没了办法。他跟那十几只老羊挤坐着，心疼得浑身打颤——海娃，他其实就只是个放羊的娃啊！

**2008 年 9 月 23—24 日**

## 玉宝喜得睡不着觉

我要《我要读书》，老板给我找了两本出来。"这本，五元，这本，十元。"他定价的依据是品相和版次。我翻看，一震，这本五元的，铅笔的笔触非常鲜明，浓淡粗细，逼似原稿。十元那本则完全是印刷的感觉了，铅笔尖儿蓄意的尖或钝，握笔角度的微妙调整，轻重缓急的擦和涂，全被印刷机抹平。"五元这本还好些，你看，这笔触感多强啊……"我一页页翻给老板看，我总是事无不可对人言，说着说着我醒悟了：再说下去，局面将变成与虎谋皮。老板倒也豪爽，点头的同时并不反悔，于是我花五元钱买下了这本"原稿"。

我书柜里有些奇怪的书。有朋友来看我有些什么书，叫起来："你还有一本《高玉宝》！"是啊，我买的，还从头读完了呢。小时候看得不全。《高玉宝》，高玉宝著，他自己叫自己"玉宝"：玉宝长，玉宝短，玉宝的故事。他经历过多少惨事恨事伤心事离奇事!周扒皮半夜鸡叫,他不写出来怎会传遍中国大地,在这点上他有些像新凤霞,两人都是从小经过看过了太多故事,字还没认全就走笔如飞,不会写的字,先画个符号代替。他俩写的书都好看,不完全因为故事。新凤霞的大白话独具韵味,高玉宝的语言,也有山野的灵气:"正说着,西北天狂风大起,一片黑云像怪猫一样,飞一般地阴上来。"——这句话把你置身山中,大雨将至,乌云笼罩四野,你不知该往何处去,孤独袭上心头。山里人常这么说话,简练有趣,若不有心记录,就成了散失的"民间语文"。玉宝这孩子真该去念书。天给他一支笔,然后他给我们一本《高玉宝》。

玉宝是个苦孩子。全本书里,他只有过唯一的一次欢喜——

"晚上,玉宝喜得一夜睡不着觉。玉宝的衣服太破烂了,他妈怕他穿这身破衣服上学不好看,下午就动手给玉宝补衣服,还特地把一件破洞少的旧青布衫改成小学生服;没有口袋布,将就凑合了两块黑布。晚上,省下了瓶里的那点舍不得吃的豆油,点了个油灯,给玉宝补裤子,灯芯太细,穿针都看不清,但屋子里已经和往常不同,亮得晃眼睛。……玉宝睡一会儿,又起来,趴在窗户破洞上看天,院子里一片漆黑,啥也看不见,只有天上的星星闪亮。"

等天亮,玉宝就要去上学了。他恨这个天怎么还不亮!玉宝

37 玉宝睡一会儿,又起来,爬在窗户破洞上看天。天是乌蓝的,只有月光闪亮,玉宝恨天为什么还不亮。他就这么睡下,起来;起来,睡下,折腾了半夜。

《我要读书》,根据高玉宝小说,王绪阳、贲庆余绘,人民美术出版社1957年版。

本来没机会去读书,家里供不起。有一天,他跟几个穷孩子上山拾草,碰见一队小学生,跟着教书的周老师走在大路上。周老师赏识玉宝,特地去跟他爹妈讲,不要他们钱,让玉宝去上学。贫富孩子同窗读书的故事,常类似于《岳飞传》的模式,这周老师还跟岳飞的老师一个姓。富家子弟,多半顽劣不成器,比如周扒皮家的"淘气";贫家孩子则懂事上进又聪明,周老师说玉宝"响鼓不用重槌",这话真说对了,玉宝若不聪明,将来怎能成为家

15 一出屯子,玉宝他们看见小学生排着队,正在大路上走。于志成在队伍旁边喊"一二一",周老师走在后面。

喻户晓的高玉宝。玉宝有志气,淘气没出息。对这个世界,要坚持自己的理解。世界本来未必是那个样子——究竟是什么样子呢,谁也不知道——你认为它是那个样子,就坚信它,按你认为对的去做,一条道走到黑,你的世界最后就真成了那个样子。

玉宝欢喜得睡不着觉的三幅图画,和其他幅不同,大面积的深暗占满画面,铅笔反复皴擦,表现一盏豆油灯照亮的小小区域之外的,黑夜中的贫寒的家,黑夜中的憧憬。这几幅,素描

33　下午,上山拾草的时候,玉宝一路喜得乱蹦乱跳,惊得鸡往房顶上飞,赶得狗往野地里跑。

42　妈妈领着玉宝喜气洋洋地走出村子。人家问她:"送孩子上学吗?"她就说,"是呀,宁可少吃几口,也不能耽误了孩子念书啊!"

的特点浓重,甚至有点像版画。玉宝趴在枕头上,眼珠灼灼地看着豆油灯,多么有心事有灵魂的一个孩子,我联想到高尔基的《童年》、《在人间》。适宜的手法表现适宜的场景,这无可挑剔,不过我还是更喜欢其他的画幅,清秀的、留白的、线描的轮廓加进素描的笔触,这更像中国。这是东北的大地,被日本人侵占了的土地。它仍是这样美丽,广阔无垠,冬天,田野上稀疏的有几棵树,荒芜的枝桠伸展在天幕上,它们本身就是线描画。树是有感情的,像玉宝多次提到的那几棵村边的小树,就很知事:玉宝上学,轻风吹拂,它们高兴似的点头;玉宝受了欺负,大雨欲来,小树在狂风中挣扎;玉宝不能再上学了,小树垂下头,萧条枯槁了。

画中,玉宝的模样非常可爱。他在第二幅里出场:一件破烂的半大裉拖到膝头,脚上踏着东北的"靰鞡鞋",一手拿镰刀,一手抱着打成卷的绳子,要去拾草。他的脸很圆,头微仰,一种生动的神采点亮了他的脸庞。有的孩子分外可爱,不管什么衣服,穿在他身上就是不同些,线条可喜,姿态逗人。是什么使得这个孩子触目突出呢?是一股子精气神儿。神气最难画。把握不准,拿捏不稳,它就不能敛聚,反映在人物的形态上,就是松散,线条无力,不能凝成一种紧致的标格。要做个对比的话,高玉宝用文字描画的他自己,还不如这小人书里的玉宝形象那么凝炼。

2 玉宝十二岁了,还没上学,天天上山拾草。这一天,他又拿了镰刀、绳子去找他的小伙伴于志成,一块去拾草。

这本小人书八十八页,两位画家花了两年工夫画它。

本来神采奕奕的玉宝,在外面拾草碰到了周老师带着小学生,回来后心里好像缺了什么东西似的。他闷坐在院里的树下,两只脚收成内八字,镰刀搁在肘弯,把根草送到嘴里嚼着。这时他姐姐跑出来说:"玉宝,明天你要上学了。"

2008年9月28—30日

# 桂娃是爹的闺女

我上小学的时候,市面上有很多适合我们的读物。一个几万字的中篇小说,印成薄薄一本书,里面配上插图,大大小小嵌在文字中间。朴素的年代,书做得朴素干净,一本书只定一角几分的价,却用心,耐嚼。那批书我最爱的是《"强盗"的女儿》。有一段时间,我每天晚上做完作业都要把它看一遍,熟悉了它的所有边角,书中的"我":桂娃,俨然成了我。

桂娃与当时的我同龄,八九上十岁。她的故事,发生在"第二次国内革命战争时期"。虽然主题是革命,妙在从一个还不懂得这些的小姑娘的眼中看去,没有那种套路式的崇高抽象空洞的"革命",有的只是实实在在的乡村生活。这生活很有诗意。老师让我们练字,我抄的就是这一段:

"八月间嫩包谷已经出来了。晌午我摘了一迭桐叶,剥了些嫩包谷,包上,蒸了十来个'粑粑',放在篮子里,用手帕盖严,给爹送去……"

情韵,是弥漫在情节中的雾气,冉冉地飘飞。桂娃的爹教她念的顺口溜,也到了我嘴里:"画眉子叽叽叽,有钱人家都归西。"有钱人家,唉,不知他们是不是个个都那么恶,有人说也不是,大家不也乡里乡亲的么,种他们的田,就交租子,逢年节还有些寒暄往来,还客气着呢。可这书里那个姓花,被人叫作"滑溜溜"的家伙是真恶:桂娃被人拐到他家给他的痴呆儿子当童养媳,每天任他使唤被他毒打。后半夜里,被关在柴房的桂娃,听见一个妇女拍着惊了夜啼哭的孩子唱歌:好么么,睡觉觉,清早起来吃泡泡……桂娃扒着窗棂,窗外一棵小柏树的毛松松的身影,风一吹,老是向她点头。是爹吗?是爹来救她了吗?桂娃哭到窗纸发白。

八九岁时看这书,我看的是故事和情味;十来岁时看,我看到,并惊讶于那小姑娘的聪明懂事,尤其是她对父亲的感情;成年以后再看,我看见了庄稼人的老实与顺从,与受尽欺压——他们太讲道理了,跟恶霸也以君子心相对。他们从小就受这样的教养长大,不一定以言语传承,但是祖祖辈辈都这样行事,那么这就是规矩,是礼义,是人的立身之本。桂娃的爹终于得到信儿,来找滑溜溜要人了。本来,拐来的女孩儿,人家的爹找来了,他姓花的还有什么话说吗?可是他们双方达成了这么个约定:

我睁开眼一看,在我脖子上,挂着一把亮晶晶的长命锁。

《"强盗"的女儿》,史超著,姚有多绘,中国少年儿童出版社1963年版。

由桂娃挑选,她愿意跟谁就跟谁;而桂娃也真的被滑溜溜的话吓住:"你爹是个强盗!你要是跟他走,我就把他送到官府,叫他嘴巴朝下,啃泥巴!"——滑溜溜们把共产党称作"强盗",这个词是那么地不名誉,是压在小姑娘心上的一块巨石:她多么怕她的爹真是个强盗!要被拉去枪毙!她趴在地上,给她日思夜想的爹磕了个头,用她自己都怕听见的声音说:"我愿意在……花家……"她的爹,受了这个打击后,遵守约定,头重脚轻,摇摇摆摆,孤零零消失在天边。

写书的作者,写穷人受欺压的用意很明显,可是这一用意到我长大了才看见。世界有好多层次,被不同年龄阅历、不同想法的人分别看见。我还是最留恋我小时候,我跟桂娃差不多大的时候看到的那些东西。年龄相仿的小姑娘,心里想的事儿也是相通的:啥子抗粮欧,搞枪欧,这些有啥子用嘛,不懂,也不想懂。爹说给我买长命锁又没买……不买又有啥子嘛,只要闺女和爹一辈子共一个桌吃饭。

爹,像盏月亮,时时刻刻在桂娃的心上。后来她又落到了一个民团头子家,逢中秋,是她生日,好心肠的五太太赏她两盘菜,她端回下房,自己跟爹说着话,想象爹进来跟她吃啊、说啊、笑啊……这回,想的变成了真的,爹真的翻墙进来了,还给她带来一把亮晶晶的长命锁。这一晚,月亮特别的亮,分外的圆。

《"强盗"的女儿》的作者叫史超,是位剧作家。他写这个小说的时候,是个中年男人了,可是他把一个小女孩的心思写得这么细腻,就像桂娃唱的那支山歌子:

> 隔河望见楠木林,
> 楠木开花十二层,
> 楠木开花十二朵,
> 朵朵开来爱死人。

2008年9月17—19日

## 辑三 贺家班系列

# 神仙也怕难为情

贺友直画的小人书，究竟有什么好呢？他那套人物班底，他自己称作"贺家班"的，比之更豪华更美妙的并不难找，连环画界多少高人。他的奇绝之处，在于构图，像《小二黑结婚》，构图匪夷所思，不留神差点就没看懂。小人书翻开，左右对开两幅图，文字却只一段："小二黑是二诸葛的二小子。"左边，小二黑放羊，坐在石头上拾掇步枪；右边，两棵树之间搭起竹竿，晾着被单，被单缝里隐约有一瞥目光，下面露出一双小脚——怎么个意思？回想原著，形容小二黑漂亮有这么一句："妇女们的眼睛都跟着他转"。

《小二黑结婚》的文字脚本要是交给别人去画，就是三十四幅，给了贺友直，他一拆二，变出六十八幅。乍一看每一页的两幅图各是各，不相干，要琢磨一下才明白它们正相干：左边的"说"故事，右边的补充和衬托故事，形成或呼应、或影射、或反讽的效果。您怎么想出来的,贺老爷?"我从川剧的后台帮腔得到启发,"他说;他不说破,那就是个天机。怪不得他在中央美院讲课万人空巷,窗户上都爬满了人,教授、美协官员都跑去当学生。中央美院本来没有"连环画系",把贺友直请去了才有,连环画是只念过小学的贺友直带进殿堂的。

赵树理的《小二黑结婚》脍炙人口。这小说像幅民间剪纸,鲜明喜气,貌似天真,其实老辣。它被誉为"四十年代解放区文学的典范",故事发生的地方已经解放,但封建恶势力还残余,基层政权被金旺兄弟这种人把持着。小说的喜剧调子,恰好拿捏准了众乡亲对金旺兄弟的态度:他们恶得很,但也莫去得罪,乡里乡亲地混着吧,低头不见抬头见。看贺友直怎么画——左边,金旺兄弟加金旺老婆三足鼎立,霸占着会议桌子;右边呢?不是忍气吞声的乡民,而是看不出是骡子是马的一头牲畜,瘦得皮包骨,埋头在一无所有的土地上刨食,拿屁股对着他们三个——民不聊生哪!金旺招人恨哪!乡亲不作声,贺友直把牲口拉来替他们表态。

故事的主角本来是小二黑和小芹,可是他俩并不突出,大家记得的是三仙姑。"宫粉涂不平脸上的皱纹,看起来好像驴粪蛋上下了霜",这话太绝了,怪道人说刻薄鬼善做文章。不过通篇除了这句,赵树理也不算太刻薄,他软和点说更俏皮,更让人

半百婆姨赛新人，仙姑事儿有名声，男女老少争相看，神仙也怕难为情。

《小二黑结婚》，赵树理原著，贺友直绘，辽宁美术出版社 1995 年版。

想捏:"三仙姑又团结了一伙孩子们","团结",嗬嗬。"三仙姑爱的是青年们,青年们爱的是小芹。小二黑这个孩子,在三仙姑看来好像鲜果,可惜多一个小芹,就没了自己的份儿。"这样的话在我们十四五岁时读到,真有点受不了,当时还是八十年代。三仙姑是生错了年代。八十年代都过不去,何况四十年代?要搁现在,她准吃香。不就是老来俏吗?赵树理也说了,仙姑年轻时是前后庄上头一个俊俏媳妇。她是有本钱的,老了,还刹不住劲儿,赵树理大概特别看不得女的这腔调,他是个老式正经人。不知道是不是因为这个,他写的小芹平平淡淡,缺少光彩。我对小芹简直没什么印象了,重新找出小说看了一遍,金旺调戏小芹不成,指使老婆和兄弟分头去抓小芹跟二黑,小芹扯着金旺老婆找村长讲理,说"捉贼要赃,捉奸要双"——这话好突兀,乡下姑娘为自己声辩,似不应该这样讲话,而且这话不聪明,要双还不容易?果然,她再跟二黑在夜里碰头商量,就被拿住"双"了。周立波的《山乡巨变》里有个姑娘叫淑君,特别爱笑,村里人对她有看法,说"她妈就有点那个",哪个?周立波温厚,只说她母亲"不严",没去丑化,他写的淑君也比小芹细腻。作家的妇女观,捏塑着他们笔下的妇女,小芹在赵树理手下出不来,出来的是三仙姑。

《小二黑结婚》这个小说是以明显的对称展开的:小二黑对

小芹,二诸葛对三仙姑,这两位神仙各自都有忌讳,也对称。二诸葛给小二黑找了个童养媳,三仙姑给小芹找了个老头子。花开两朵,各表一枝,如此工整的对称也给贺友直画画提供了一个思路,我猜。到有情人终成眷属的结尾,对开的两幅画肯定是新郎迎娶新娘出嫁,天作之合。然而在处处的对称中,三仙姑仍然脱跳出来,故事的高潮也要靠她抵达。

　　小人书里,三仙姑是这样出场的:她背对观众,扭着腰,拧着腿,衣襟裤腿都镶了花边;一手揽镜,一手搔头,那面圆镜里映出她的半边脸,红腮红唇,可是额头上有皱纹。这是她的常态。她的重头戏在后面:"上区见老爷,精心细打扮,老爷见我俏,好把话来说。"她盘腿坐在镜前,粉已经擦上了,一张粉白老脸,鲜红夺目的腮红上了一块,正在扑另一块。老实巴交的小芹爹牵着驴在另一幅画上等她哩;他赶驴送仙姑去见区长,一路上田里的庄稼人都看哩。三仙姑一进门就跪倒,头埋低,两手撑地,跪太急了,门上的竹帘子搭在她屁股上,一只黑狗趁着这空子跟着钻进屋。"贺友直真促狭!"说这话的人是在看《小二黑结婚》,看到这里看不过去啦。正好,促狭对刻薄,佻挞对俏皮,贺友直跟赵树理也对上了。"'看看!四十五了!''看那裤腿!''看那鞋!'三仙姑半辈没有脸红过,偏这会儿撑不住气了,一道道热汗在脸上流。"原著的这几句话让人过目不忘,小人书改编的

上区见老爷,精心细打扮,老爷见我俏,好把话来说。

仙姑进门急忙跪倒,高叫老爷贵手抬高。

文字也妙:"半百婆姨赛新人,仙姑事儿有名声,男女老少争相看,神仙也怕难为情。……边区新天地,人民新风貌,婚姻得自由,神仙得改造。"

《小二黑结婚》曾被改编成歌剧。唱山西梆子出身的郭兰英清澈透亮地唱出:"清粼粼的水来蓝莹莹的天……"这句唱词很上口,它跟其他一些歌曲交织在一起,诸如"解放区的天是明朗的天,解放区的人民好喜欢"。

2009 年 1 月 21—22 日

# 喜气包围清溪乡

太阳照耀清溪乡。那是1958年的阳光,被照相机摄取,周立波卷着裤脚在犁田,他投在田间的浅淡影子提示日光不烈,当时是三月,赤脚站在水田里想必还冷。清溪乡在湖南益阳,周立波是那里人,他为了写《山乡巨变》回去待了三年时间。他前脚去,贺友直后脚也来了,也是一待三年,为了画《山乡巨变》。四十年后,连环画《山乡巨变》的身价翻了千倍,八十岁的贺老先生拿起笔,画下他自己当年挑担子下乡的样子——这样子他自己是没瞧见过的,可是留存在他意念中,他认得,也画得出。

我跑连环画市场觅《山乡巨变》,大费周章,哪个贩子手上有,都奇货可居地想敲我一笔。我终于买到了重印本,很便宜,我要的只是画,奇货仍然由他们去可居吧。我把四册小人书看完,又借了周立波的原著来看。它们二者很像:周是白描,贺是线描,文与画有种气韵上的通感。山明水秀的农村,用线描来表现无比贴切,贺友直曾尝试过黑白明暗的素描,推翻了,转向陈老莲,及明清木刻版画——效果出来了,画面清秀、明丽,正是他在资江边上看到的山水田地、房屋村落、男女老幼。那些乡村人物,喜笑嗔怒,怨懑悲愁,一个个好似魂儿都给贺友直捉来,跃然纸上。

《山乡巨变》是写合作化的。我原以为,因为题材的缘故,它已很少被提起,这个小说的历史使命好像是为了成就一部连环画经典;把原著和小人书都看过之后,我觉得它们是双璧,彼此铢两悉称、相得益彰。周立波写合作化,事实上写出了合作化中的许多问题,他当年还遭到了不少批评:怎么我们看到的尽是干部们忙于说服这个,打通那个? 群众都那么不愿意走合作化道路吗? 周立波究竟是无意的留存,还是有意的经营,这是个问题。书中一个标本式的人物菊咬金,我们得感谢周立波将他立此存照。益阳方言,把爱计较、不好商量的人叫作咬金客,菊咬金不只如此,他心计极深,是"一个念过《三国》的角色"。要说田里功夫,他真没说的,又勤快,又俭省,手脚一刻闲不得,雨天都当晴天用。可是,他做一切都得是为自家,要他入合作社,是最不可能的。他为了抗拒入社,出尽百宝,装病,演戏,跟堂客你死我活地厮打,他说入,她说入就分家、离婚、跳河,上门做工作的干部根本开不得口。菊咬金最让人忘不了的情节,是他与农业

菊咬金冲上来："我打了你,有本领就去告!"邻居们拦住了菊咬金。他老婆跳起身,往外奔跑,一迭声说要去跳水。

他一边小声骂："你不早报,蠢家伙!"一边从碓屋飞跑进房间。

社比赛挖塘泥——几天的打仗,可称得上悲壮!菊咬金只有一家三口,螳臂当车,对抗能够换班的大批"青年突击队"社员,抵抗他们的公有化和人多力量大,以及排挤、嘲笑、唱歌、游说,他不眠不休,以命相搏,直到女儿累倒,堂客栽倒,他仍然斩钉截铁地拒绝入社:"我不入。将来也不入!"原著中,他到了后面更加忙不赢的双抢季节终于认输,而小人书就到此为止:他扶堂客回家,"突击队员们又干起来,喜气把清溪乡包围住了"。全书以此为终结,耐人寻味。有"喜气"二字,原著需要传达的合作社的蓬勃场面已经传达到,而菊咬金其人,要他低头非一日两日,不如就留下他这个抵死不入的代表以观后效。连环画因容纳了他这一逆流到底的人物,别具一格,留待今日来看,简直有先见之明,足以让我们反思:菊咬金错了吗?

  单干的菊咬金天不亮就下地忙活,一早耕翻一亩多地。入了社的社员们在家等着干部挨门挨户派工,动员出工——日上三竿了。牛归了公社,喂的人不经心,牛瘦得只剩几根排肋骨。菊咬金这样爱惜家什的人,看见一张犁撂在田里,跑去捡起来,一看是社里的东西,都又放下了——不是自己的,哪个会经心?群众对办社的顾虑其实相当多:好田坏田怎么分?碰到懒汉怎么办?还有秋丝瓜说的,"一娘生九子,连娘十条心",几十户人家绑在一起,架都吵不完,哪有工夫做活。干部上门动员精刮的

21 他吩咐堂客烧茶,一面泛泛地说:"天有点凉了。"一面暗暗地留神,察看对方的脸色。亭面糊说:"还好,还没进九,一到数九天,就有几个扎实的冷天。热在三伏,冷在三九。"

32 又是几杯下肚,面糊满脸通红,舌子打硬了,子元趁势问道:"听说你家客常不断?"面糊回道:"干部住在家里,不算是客,家常便饭,也不算招待。粮票饭钱,他们都照规定付,分文不少。"龚

《山乡巨变》1—4册,周立波原著,董子畏、新吾改编,贺友直绘,上海人民美术出版社1961—1965年出版。

秋丝瓜,给他打算盘算账,证明入社可收双倍利,而秋丝瓜腹诽的是:账算得并不错,可谁能担保社能办好?

由于群众心有顾虑,暗藏的坏分子稍稍煽风点火,就能造成骚乱。谣传鸡鸭要入社,蛋要归公,妇女们都赶着把鸡鸭蛋提出去卖;说牛要低价入社,秋丝瓜深夜把牛赶出村打算私自宰杀;说山林要归公,顿时引发方圆十多里的砍树风潮,民兵不能制止。坏分子是谁呢?小人书没有点明,内中有一节云山雾罩,挺古怪的:亭面糊老倌受干部委派,去龚子元家劝他入社,结果在他家里喝醉酒,忘记了来意。龚子元灌他酒,借机刺探,不知打的什么主意,后面没有交代了。小人书描画他两个喝酒闲扯的场面,竟然长达十八页,这么长的篇幅,该是有个重大目的吧?我却没找到谜底。谜底在原著里:原来龚子元是个暗藏的特务,最后被抓起来了。评论家言,周立波结尾那一段也笔力不逮,显得突兀,生硬,像是为了加进阶级斗争的元素才写这个龚子元。而小人书中没着没落的十八幅对饮图,恰是贺友直为人称道的连环佳构——两个老农民,从头到尾在巴掌大的堂屋里对坐,难为画家怎么兜转变换画面的!有时候这一幅和下一幅的构图区别不大,而暗藏的动静就潜伏在微小的区别中;有时候画面视角不断跳转,忽高忽低,内外有别,厚此薄彼,画家总能找到最佳角度取景,逼视人物的内心活动。这两个老倌子,到

说到这里,他喝口酒,抬起头来,盯住龚子元的脸说道:"我这个人,就是容不得坏人。"龚子元听到他重复这句话,心里一惊

底在干啥子。是有点莫名其妙,但或许可以这样解释——乡里人,忙起来不得歇气,偶尔得个闲空,也就这么东拉西扯地消磨。宁可有点莫名其妙,小人书略去抓龚子元的情节还是好些,抓特务是多么煞风景的事。湖南的山乡,峰峦叠翠,雨景空濛,别破坏了这里的风物情致。龚子元的家还怪有意思的:"一座松林山边上,有个巨大的灰褐菌子似的小茅屋,屋端一半隐在松林里,屋场台子是在山坡上,比门前的干田要高两三尺,来了人,站在堂屋里,老远望得见。"周立波这样描写,贺友直跟到清溪乡去看,一下认出来了:哎,山边那座孤零零的小茅屋就是龚家!信手拈来,布局天成,这屋子正好给龚子元住,便于他窥探

亭面糊是往龚子元家里去的。他一边走,一边运神:"天下穷人是一家,不管乡亲不乡亲,穷帮穷,理应当……"他又踌神:"非亲非故,平日又没得来往,总不能一跨进门,就劝他入社?……"

这天以后,清溪乡涌起了宣传合作化的高潮。每天天不亮,姑娘们就带了标语,挟着喇叭筒,踏着露水,爬上山岗,贴标语的贴标语,喊话的喊话。

乡里。

《山乡巨变》这部小说清新隽永,很大程度在于它是乡村景物画,即使忽略合作化的背景,它对其间人们生活的描画也是生动饱满的。吃饭,菜摆上来:一碗扑辣椒,一碗沤辣椒,一碗干炒的辣椒粉子,一碗辣椒炒擦芋荷叶子——"辣椒种族开会了"。周立波这人有意思。还有不少的笔墨写到爱情。淑君与大春月夜在山里散步,她的心事给他知道了。接下来他们做了什么呢?谁都没想到周立波会这么来一句:"做个吕字"!他借这个古典白话词语,向我们透露了一个秘密。我们常以为古代中国人不接吻,上世纪五十年代的中国人不接吻,尤其当时的中国农民不接吻——搞错了吧?相应的情景,无法在当时的连环画中反映,但贺友直的笔意还是到了,寓情于景,情景交融。贺友直当年还不到四十岁。这个年纪正好,业已成熟但还没过分熟透,他心里还有柔软旖旎,画纯朴清甜的乡村之恋正好还够,不多不少。等他年纪再大些,他的"贺家班"就太定型太老辣了,他成了一块老姜,再画爱情未尝不可,却犹如老生老旦眉目传情——他们已修炼成精,眉角眼梢内容太多,稚嫩忐忑无处寻。

2009 年 1 月 16—19 日

# 大公无私各色人

"体验生活",老辈作家常把这话挂在嘴边,他们不是采风,是蹲点。李準当年下乡,就在一个妇女队长家住了两年。同一个屋檐下住着却难得碰面,她每天早出晚归。但是墙上、窗户上经常有她贴的小纸条,上面写了些字,歪歪斜斜的:

水库的库字,就是裤子的裤去掉一边的衣字。

谁聪明?谁憨?见人多,工作多了人就聪明!锁在家里不见人就憨!

如今兴握手,真好,用右手握。

……

真新鲜。待在家里闭门造车,肯定想不出这些话。李準把这位妇女队长写成了"李双双"——小说《李双双小传》,写农村大跃进,妇女办食堂。村里的食堂本来由喜旺管,他管不好,双双来接手,变得红红火火。双双就是喜旺的老婆。到了《李双双》要拍电影的时候,农村办食堂政策却破产了,破产了更好,把阶级斗争路线斗争都删掉,电影反而得以留住,反正双双和喜旺的二人转不愁没戏做。当时的人们看了电影,说"做人要做李双双,看戏要看孙喜旺",随后出来的小人书也是根据重写的电影剧本。

喜旺是个没主意的老好人,在村里广得人缘。食堂不办了,李準让喜旺改当记工员。为什么社员出工不积极?干多干少一个样呗,这还是双双写大字报提出来的。开会,重新选个记工员,选谁呢?支书说:"一定要选大公无私的人。"有人推举喜旺,他推脱;有人选李双双,喜旺一惊,忙说自己可以干,他怕双双得罪人。记工员难当,田里活儿有轻重,有人勤快有人懒。要像喜旺那样都给五分,勤快人也变懒人。喜旺只管记分,双双倒来评分,她说粪要挑在肩上往田里撒,偷懒坐在车上撒的没法犁;棉枝不能光看整了几行,毛芽不打尽,将来影响结桃。要依她,那几个人不但要扣分,还得返工。连带喜旺都怕了她:分是我记的呀!她还跑到公社去告状,连他一起告,那几个人气跑了,她替他们把活儿重做一遍。要说大公无私的人,李双双真是一个,但大公无私的肯定是各色人,不然怎么出头说话管事?

小菊哭喊着:"爸爸!"挣脱双双的手,就想往外追。双双气极了,上前一把将她拉住。孙有夫妇和金樵看这情形,没趣地走了。

《李双双》,李準原著,陆仲坚改编,贺友直绘,上海人民美术出版社1964年版。

要说李双双管的那些事,真是难题。工分怎么记,拿到现在也没辙,你只能记数量,记不了质量。大学里评估教授也只能数他发表了几篇文章,文章写得如何没人看,没法评。还有干部该不该多拿工分?干部为队里工作,肯定会影响他自己出工嘛,会计会帮他提出来,给他救济几百分。我也希望有个李双双这样的各色人,在桌面上把话说明白:干部已经有干部补贴,就不该再拿救济工分。可是没有这几百分,哪个肯当干部,大公无私的人能有几个?

双双太会得罪人了,喜旺跟在后面修补都补不赢,她当上

过了几天,金樵他们赶着大车回来了。刚到村口,就见双双领着一批人,唱着歌,挑着谷子。他们越唱越欢,越走越快。

妇女队长后,管得更宽,搞得人家闹上门来,喜旺赌气离家出走了。他出走当然有个名目,赶车搞运输去了,那年头不兴专门"出走",谁家男人那样不成话。他在外面,又碰到个难题。在瓜园里歇脚吃瓜,几个瓜贩想搭他们的车运西瓜进城,反正顺路,捎一脚,他们给钱。该不该捎这一脚?大概所有的车把式都会答应,除非大车会开口说话:我不答应,我愿意空跑,不捎。喜旺先不敢,架不住同伴说,他只好坚持自己不分那几个运费就是了。回家来见到又思念又抱愧的老婆,忍不住把这事讲出,一下子被她把原则拎清楚了:"你只顾自己不管别人,是个社员不是? 咱们

他高高兴兴地从老支书家里出来，忽见二春举着一张报纸，从前面飞奔过来。喜旺喊道："二春，什么事呀？"二春朝报上的一张照片指指说："你认得这是谁？"

喜旺凑近一看，惊喜地叫道："是你双双嫂子啊！上报啦！"二春一扬眉毛："是啊！今年咱队社员生产劲头大，按劳分配贯彻得好，获得大丰收，报上都登出来了！"

是集体生产,一棵草上都有大伙的汗珠!"他只好照她说的办,贴了张大字报:"孙有大叔金樵弟,喜旺今天不客气。路上运瓜那个事,按理不能来包庇。你们要是不坦白,我一定要来揭发你。"嗨哟,喜旺这个话,我都替他捏把汗,不过那年头动不动给人贴大字报,总是贴的人占上风。孙有金樵都低了头,认错退钱。

妇女队长李双双的事迹上报纸了。她按劳分配贯彻得好,社员的生产劲头提高,获得大丰收。"打谷场上,一派丰收的景象,玉米穗拧在一起,像一条条长龙;扬净的粮食,堆在一起像一座小山,在太阳光下闪闪发着金光。人们在劳动着,有的在收,有的在打,有的在削谷穗,有的在放碌碡碾场,有的在乘风扬场,一片欢腾。双双在领导大家收打粮食,指挥如意,喜气洋洋。"都能这样,那敢情好,可惜李双双这样的人太难找。真能像她说的那样吗,通过提高觉悟,消灭人的私心,人人都做好社员。要再往后看些年才会知道,问题还是通过包产到户才解决的。私心无法消灭,只能利用,才能发展生产力。

贺友直谈他画故事,常提到《李双双》中的一幅,喜旺羞愧地回到离开了几个月的家,双双对他说:"家里不会开除你。""不会开除"怎么画?画中双双抱着女儿,女儿的身子倾向头还扭开着的喜旺,把钥匙递给他。贺友直是善于用画说话。不过我倒更喜欢喜旺他们赶车回村的几幅,那场面可叫好看! 正是收

喜旺看着大路两旁热气腾腾的场面,听着到处传来的欢笑声,吁了口气,手上的鞭子在半空中旋起来。

割的时候,玉米、谷子、棉花都长得排场,双双带领社员挑着谷子穿过田野,边走边唱,越走越快。喜旺赶着大车,看大路两边热气腾腾,欢笑阵阵,他吁口气,手中的鞭子在半空中旋起来。

2009 年 1 月 27—28 日

## 城里姑娘学挑水

我有一卷大开本的《贺友直线描精选》,是前些年从天津杨柳青画社扛回来的。那些山乡图画选自同一本连环画,只有画没有文,我先以为是《山乡巨变》,后来才知是《朝阳沟》。后来我碰到《朝阳沟》的重印本,马上买了,翻开一看,却是刘继卣的。刘继卣的是人美版,1964年初版;贺友直的是上美版,1979年初版,两个相隔十五年。

一个连环画脚本,刘继卣先画了,一般人是不敢再下爪。若论写实功夫,刘继卣已是登峰造极,要从同一路数试图超越,实难出其右。贺友直先入我眼,他的画也适合于文字之前先行,那一幅幅的图画特别有戏,呼之欲出,撩得我心痒:究竟是怎样的故事?一排农村姑娘,身子全斜斜地倾向一垛院墙,她们扒着墙头往里看,我们只隐约看见院里的树、窗户、檐下晒的瓜菜,其余全被这大面积留白的外墙挡住了。院子里究竟有什么呀,惹

吵吵嚷嚷的声音飞出院墙。拴保娘的声音在说:"亲家母,有话慢慢说。"银环妈顶了回去:"我的闺女不叫我说?""那吃罢饭再说。""我不是给你要饭哩……"

《朝阳沟》,杨兰春原著,缪德彰、胡廷楣改编,贺友直绘,上海人民美术出版社1979年版。

得她们这样看?这幅画故意把要画的事情藏着,画它造成的影响而不画它本身,有类似"围魏救赵"的高明。画中的五个姑娘,她们的身体倾侧的斜线是一种奇异的构图,墙头还坐着个小孩子,他是秤砣,压阵的。贺老爷子出名地会画故事,当年他受邀出国讲学,一句外国话不会,就凭借他的连环画示意图周旋并凯旋。

其实故事挺简单的:城里的姑娘银环,跟着未婚夫拴保来到农村,决心在这里安家落户。她娘反对,跟来闹过,她自己也经历了实际困难和思想斗争,终于认清了农业生产的广阔前途,不仅自己扎下根,连她娘都拉来了。不知是不是同时看文字脚本消解了我对刘继卣的画的好奇心,我觉得刘的版本"静",自然而然;贺的版本"动",张力十足。刘继卣的画,笔笔扎实,形神兼备,人物内心的矛盾失落、苦闷彷徨得到充分的刻画。银环锄了几天麦,累得浑身散架,她躺倒在床上的姿势,我们都能感觉到僵硬和酸痛,和动弹不得。她娘头天才赶来当着全村人叫骂了一场,说要跟她一刀两断,她又羞愧,又难过,可是没人安慰。遍观全书,大家对银环不但不安慰,还求全责备,这大概反映了那个时代的人们对知识青年的要求和想法。本该是银环最大安慰的拴保,对银环总是没好气。他去城里接她的时候,又发脾气又奚落,甩下她就走,银环是哭着追上来的:"拴保,俺是有些犹豫,可是俺放弃了升大学的志愿,也退回了剧团的联系信,这不就是俺的决心!"她下乡的第二天就下地锄麦,晚上收工回来,从窗户里看见拴保爹不高兴地将一把麦苗扔进羊圈里,说的话也给她听见:"新官上任三把火,活儿没干多少,糟蹋不少庄稼!"银环是城里人,刚来哪会锄麦呢?好像没人体谅这个,拴保教她几把式,也是管教不管会。在刘继卣的画里,拴保教育银环,拴保爹批评银环,村里的姑娘媳妇耍笑银环,画家多是从他们的角度取景,村里人在画中占主角,银环低头捂脸,坐在角落不语。她终于扛不住了跑开,小小的身影跑到了画面的边角,

这时就见银环妈气冲冲地赶了来,指着银环劈面就骂:"短命丫头你气死我,你竟敢不顾羞耻来找公婆!"

银环好不容易挣脱开,银环妈拿起笤帚就要揍她,机灵的巧真抢过笤帚,尖着嗓子喊:"不回去,就是不回去!有本事你到法院告去!"

银环窝住心头的火,狠狠地把辫子推下来,憋着气,又担起水桶。

二大娘担水过来,疼爱地说:"银环,一回担不了一桶先担半桶。别看你个子比巧真大,干活可没有她腰板硬。歇歇吧!"

画家仍然站在村支书这一头,曾鼓励过她的老支书也"望着她的背影摇了摇头"。银环自己决心要下乡的,就该兑现她的话,一时做不到,就是她的错。

贺友直画的银环,看着年纪好小,才从中学出来,心理还遗留在那里的女孩子模样。一样是长辫子,刘继卣画的是成熟的长辫,贺友直画的是稚气的长辫。银环在贺友直的画里锄麦,拴保爹跟在她后面帮忙收拾,把她锄掉的苗捡起来,还把拴保拉到一边说悄悄话。我上网去查,他说的是:"你给银环说说,这是咱队的实验田,别把队里的庄稼糟蹋了。要学,到咱自留地。"对,话应该是这么说的,银环还是没过门儿的儿媳妇,才从城里来,愿意在乡下跟他们过一辈子,他欢喜还来不及呢?拴保收工后教银环用锄头,两个说话直到"落日衔山,薄暮降临"。拴保又耐心又体贴,他家人待银环也亲热,银环几天后又情绪低落了,拴保安慰不成,说她两句,编文字脚本的人马上跳出来说他:"小伙子,你太鲁莽了!思想工作哪能这样做呢?"

贺友直画得最有意思的,是银环挑水的场面。城里姑娘,不会挑水,不仅仅是挑不动的问题,那姿势完全不对:两只吊桶,装了水就变成了不听使唤的东西,它们跟她拧着干。前面一只桶撞到石头,水泼出来,她掂起双脚来避免,扁担仍挑在肩头,人要悬空了,是她挑扁担还是扁担挑她?山路好陡,一块块的大

拴保娘天亮去送护肩的时候,正遇上银环出门。银环决心回城去了,不想在门口撞着婆婆,她有点窘,低声说:"娘,我还是先回去看看俺妈……"

银环听了二婶和拴保的议论,更难过起来。这时老支书来青叔来了,便说了小玲子几句。小玲子感到委屈,急忙分辨。

52　银环吃力地打满水,挑起来像扭秧歌一样,一步一摇地向山坡上走,迎面一群姑娘挑空桶回来了。她们见银环把辫子盘在头上,小玲子开玩笑说:"看,银环姐辫子上了头,想成亲哩!"大伙"哄"地一声笑了起来。

《朝阳沟》,根据同名豫剧,武耀强改编,刘继卣绘,人民美术出版社1964年版。

石头砌成天梯,她横挑两桶水一步一脚踩踏上去,她是在背扁担呢,唉,能背到就好吧!管她泼多少,只要别跌跤,跟在她后面的大娘心都悬起来了,而这大娘挑担子轻快稳当,跟她形成对照。再对比刘继卣的,银环挑水尽管吃力,但姿势正确,刘的写实功夫着实了得,尤其他描画社员们熟练地挑水的群体镜头,姿态各异,仿如挑水动作的分解说明,一队社员,依次取水挑上肩沿山脊逶迤而去,真是好看!只能说,刘继卣无懈可击,而贺

8　拴保给娘和李二婶读了银环的信。她们都说不能耽搁，人家既然有心来，咱朝阳沟又这样需要有知识有文化的青年，就应该欢迎人家来，要拴保立刻到城里一趟。拴保向队里请了假，便向城里赶去。

友直更出奇巧。所以《小二黑结婚》里三仙姑那样的角色，让贺去画最合适，他能找到更刁的角度。

刘继卣的《朝阳沟》，我印象深刻的是他对空间感的驾驭。城乡关系，贺友直倒是坐实了画的，城里是城里，乡下是乡下，而刘继卣的处理虚实相间，显得高妙：拴保要赶到城里去接银环，画中他仿佛是从一个高处在往下跑，而他脚下画面落空，什么也没画，只有他头上伸出一截树枝，提示山乡背景。他视线看向的远处,是线条浅淡的一溜平房,一辆汽车,一堆人正准备上车。拴保从乡下出来,远处是镇上,有车,通往城里。方寸之间,城乡就这样被打通了。上世纪六十年代,毛主席号召知识青年上山下乡,到广阔天地接受贫下中农的再教育;七十年代末,知青大规模返城——就在这两个关节点上,刘继卣和贺友直的《朝阳沟》分别出版,在这两个版本的连环画中,画家对人物的态度折射出不同的时代心理。

2008 年 12 月 28—30 日;2009 年 1 月 14—15 日

## 辑四 好姻缘系列

# 百日恩

《一份无字情报》，我翻开来，觉得这位画家画过贾宝玉。找出《宝玉出走》来看，果然是他。《无字情报》里碰巧也有类似情节：新婚的第二天，秋生就跑了。

这故事的发生地不知在哪里，大约在湘、赣、皖一带，"毛委员率领红军从井冈山来到这里"。画上的民居颇有几分徽派建筑的神韵，白墙、黑瓦、飞檐、照壁，在其间进出的女人梳着髻，温良贤淑。传统革命故事罕有这种味道的底衬。它的开头也是从地主的角度："南荷村财主鲍信斋四十多岁了，还没生子女。一天清早，他从雪地捡回一个女婴，取名雪妹，收做望郎媳。指望以此为转机，生个儿子相配。"——从这一段看，地主也是个人哩，好像心肠也不坏。不过从第二页起他就"拐"起来了：雪妹六岁了，鲍信斋还没望来儿子，就把雪妹当丫头使用，肆意打骂奴役。等她长成了大姑娘，老地主又动别的心思了，"想改弦易辙,收她作妾"。嗤!幸好还有个地主婆,她不答应,他不敢搞,于是按了婆子的意思办:又把雪妹认作女儿,招婿上门,增添个劳动力。这地主老财从头到尾尽是自私自利的盘算,把别人的价值榨取到最大限度,他这一五一十别说雪妹,就是外人也得啐他。

财主老两口选来选去,选中了邻村的秋生。秋生父母图娶个不花钱的媳妇,媒人一说就成了。好事快办,小人书的第五页,秋生和雪妹已经进了洞房。到这时,他俩还没讲过一句话,见面大概也是第一次。进了洞房该做啥呢?娶媳妇是为啥呢?"小小子儿,要媳妇儿,要媳妇儿,做什么?点灯说话儿,吹灯亲嘴儿。"我小时候没听过这民谣,缺了启蒙,另一些东西还堵塞了我的想象,比如戏曲片《生死牌》:大难临头,一对人儿私自拜了天地,说"现在我们是夫妻了",誓同生死。拜过天地,就是夫妻,我以为。这一夜,雪妹是把头枕在秋生胸口睡的,这样偎依着睡就是夫妻,我以为。

我觉得他俩什么都没做就这么睡了,还因为睡前发生的一件事。秋生的好友秦汉来敲窗,告诉他秘密农会里有人反了水,他们都暴露了,叫他快跑。情况紧急,秦汉还没忘了责备他"跑到地主家当女婿来了",秋生羞愧地回了句"总不能打一世单身嘛"。他支开了雪妹,而雪妹看出些名堂来了——也八九不离十,那年头的形势。他怎肯把实情告诉她呢?就这样心思满腹地上了床,她睡得甜,他睡不着。第二天,风声更紧了,她问他要不要出去躲一下,他装糊涂,却躲着她跑掉了。这,很伤她的心。她的身世其实很苦,比一般苦出身的人更苦,从小在地主家受欺凌,乡人还把她当地主家的来孤立。好不容易招郎成婚,可以有个亲人了,可他非但信不过她,还马上把她撇下了。

书中说乡人一向孤立雪妹,好像说不过去。难道他们这么多年看不见她挨打受骂?她又不是地主家亲生的,一个捡回来的丫头,做活倒跟乡亲在一处多些,日久见人心,他们该知道她的为人、心地。至于打土豪分田地,那确实该雪妹吃亏了,她的出身,只能算作地主,鲍信斋夫妻逃跑了,乡人就把她押去斗争。当上了乡赤卫队长的秋生,偏偏娶了她呀,怎么办呢,他只好走。这是他第二次从她身边跑掉。就在他走前几天,雪妹打听到他的下落,刚刚找到农会去把他找着。

雪妹在农会门口,正好遇到秦汉。于是农会会长秦汉把赤卫队长秋生叫出来,当面说:"他不能当地主的撑门女婿,你也别想做革命干部的妻子!"然后又命令秋生自己跟她谈,"让她死了这条心"。

怎么谈呢?局面这么严重,关系这么复杂。这对青年男女,成亲算是见过面,这回的见面才是第二次,根本就不熟……不过,他俩是成过亲的人了,不熟,吹了灯偎在一起睡了一夜,也熟了。要是有机会在一起过日子,就会越过越熟……可眼下话怎么说呢?又在农会里头。

"你下了山也不回家!"雪妹说。

"你就没有一点夫妻之情吗?"见他无言,她又说,声调有点凄楚。意思都包含在这句话里了,秋生心里也不觉浮起怜悯和同情。他低声说:"我有我的难处,以后,我会来找你的。"

乡下女人,有这句话就够了吧,她也不想再来麻烦他。有人叫秋生了,雪妹忙把包袱递给他,里面有他的换洗衣服、新布鞋……秋生接过,感情复杂地对她点了点头。他还是懂的,一个乡下女人全部的指望,一辈子的交托。她是他的妻呀,在家里巴巴地盼他想他,再是闹革命,一个男人不能没有良心。他与她对视良久,他一咬牙走了。

几天后,乡里的苏维埃组织打土豪。秦汉想支开秋生,秋生偷跑回家,看见雪妹竟被当作地主婆在批斗。他尴尬极了,只好走,投红军去了。红军一走,敌人再来,秦汉们改为上山打游击了。一天夜里,负伤的秦汉翻进一堵院墙藏躲,昏倒在柴房。结果呢?这就是雪妹的家,于是本来被她恨着的秦汉反而成了有机会了解她的唯一的人。

鲍信斋夫妻躲过风头回来,见雪妹"两颊泛红,笑意隐含",怀疑她有了野男人。他们作这种猜想十分自然,正合乎乡下土财主对乡里女人不无狎邪的见识和理解:守不住了吧? 看这身上藏不住的骚劲儿,一准是有了野男人。除了这,他们想不出她还会有什么乐子。我在街上走,经过一家成人用品店,广告语打得可生猛。有一种春药的牌子居然就叫"野男人",我笑出声来继续往前走。真是世道变了哎。

说真的,孤男寡女地相处,雪妹为什么没爱上秦汉呢? 因为,她根本不会那样想。她一直恨秦汉,现在他落在了她手中,她闷声不响地给他送药草、送饭,就为了质问他一句:你为什么拆散我们夫妻?! 秦汉从简单地理解她,到慢慢地信任她,直至让她帮他送情报,把她当了自己人。爱情也许不是最紧要的事,人活在这世上必须有伴,才是最要紧的。雪妹没任何亲人,还被乡人歧视。她帮秦汉,是找到了世间的伴,也是找到了奔向丈夫的路。可是她被鲍信斋跟踪了,秦汉被出卖杀害了。于她,这不仅是路断了,桥断了,希望断了,幸福断了;乡人更加仇恨她,把口水都吐到她脸上来——是你! 是你出卖的他! 她还能怎样活下去呢? 唯有以生命为代价,送出最后一份情报去。

秋生终于回来看她了——已经看不到,她倒下的莲田里已经没有她了。他拿着不会写字的她画给他的情报图,他的眼睛被泪水迷了。他一直不相信她,后来更是和所有人一道唾骂她,把那一线藕断丝连的感情都斩断了。

5. 鲍信斋很快便为他们举办了婚礼。直到闹房的人都已散去，新郎和新娘还没讲过一句话。这时秋生脱下穿在身上很不习惯的长褂，腼腆地挨着雪妹，在床沿上坐下。

《一份无字情报》，艾馨改编，丁世弼绘，湖南美术出版社1983年版。

……闹房的人散了，只剩下秋生和新娘。她坐在床沿。他脱下身上很不习惯的长衫，腼腆地挨着她坐下。入洞房了，该做点儿啥呢？

秦汉来敲窗了。通知他，为革命，赶快走。他刚刚进洞房，怎么走得掉呢？好歹过了今夜再走吧！

小小子儿，要媳妇儿，要媳妇儿，做什么？点灯——说话儿，吹灯——亲嘴儿。

2009年3月16—17日

# 金不换

有些果子,只有生活在偏僻乡野的人才有福气吃到,比如刺莓。我不知道它是什么样的果子,曾在云南买过一幅蜡染布,布上的画就叫"摘刺莓",摘刺莓的小人儿欢欣鼓舞,动作如舞蹈。

吃过刺莓的人,这样描述:"怀孕害上了喜的新媳妇们最好那一口,抓上丈夫们摘回来的刺莓,塞进嘴里,不嚼不咽,轻轻用舌头往上颚一顶,稠腻的刺莓汁儿先是一麻溜儿酸,然后是轰轰烈烈的、荡气回肠的甜,像和丈夫谈恋爱时的第一次接吻。于是,妻子们在绵长的回味里,把从少女到女人的滋味儿,重新演绎一回。"哦,有这么妙啊。接吻的滋味,也就是第一次最记得住。那真叫荡气回肠,过后一遍遍地回想,想得晕了。后来,慢慢就不做这件事了,忘了。提起来还有点好笑:两个人,这是做什么哟。

我买这本《甜甜的刺莓》是出于偶遇。有一年去上海,在一条街上吃晚饭,碰到一个人把他家里的小人书摆出来卖,我就挑了几本。《甜甜的刺莓》我从前没看过,看它画得挺细腻的,湘西土家,在十年动乱期间的生活也还是山寨样式,围着火塘吃早饭,织布机上穿梭子。故事里的竹妹,是寨子里拔尖儿的姑娘,她阿妈还是大队支部书记,全州的劳动模范。有这般好条件,她的终身大事还叫人担忧吗?是啊,越是好条件的姑娘越是危险,反不及普普通通的女子轻易得享安稳之福。年轻的竹妹不大知道危险。我看她人很老实,寨子里好多青年向她献殷勤,她像没这回事一般,并不因此增加自己的砝码。她有点喜欢三牛。三牛的父亲在大跃进那年自杀了,他死了人家说他是对大跃进不满,三牛就成了"黑五类"子女。不过,社员们还是选三牛当队长,他人好。那么多人的眼光,肯定错不了,竹妹的眼光本来也没错的。那天晚上她让三牛陪她去园子里摘南瓜。在园子里,她一时叫他看上了粉的冬瓜,一时又叫他看大圆的月亮。这一幕不意被她娘撞见——毕兰大婶竟有些骇怕——但三牛这个年轻人是她信得过的,夜里问清了女儿,第二天一早她就让女儿把三牛请来一起吃早饭,把事情说定了。山里人心好实。喜欢,那就是相好;相好,那就讲嫁娶。

毕兰大婶的"骇怕",是不是多余?久经人世的母亲,从女儿豆蔻初开的时候起最担心的就是这件事,所以很容易想到。姑娘家不懂得,以为那件事好远,好难,一般都不会去想。竹妹要是知道她阿妈一开始竟想到那上头去,真要气跑哩!不晓得为什么,女儿跟娘最亲,可就这件事情跟娘最说不得,太羞人了。娘心里会叹口气:女儿,你不懂啊。女儿心里也在说:阿妈,你懂什么!

三牛、毕兰大婶确实可以放心。可是她的担心竟没有落空,还有别人哩!那个经常上门的向塔山——邻寨的支部书记,标致后生,能说会道的,能把竹妹逗得咯咯笑的——他跟毕兰婶经常一起去开干部会,也是熟人。向塔山这天开会回来,从松杉林穿过,看见竹妹打了柴在歇脚,在摘那本地人叫作"三月泡"的刺莓。他大笑着蹿到她跟前,问她讨三月泡吃。竹妹给他他又不接,他说竹妹的手刺伤了在流血,路边扯把草药,嚼烂,要替她敷上。他握着她的手,人蹲下来,仰脸看竹妹。从画面上看,他很像在她面前单膝下跪,在求她什么。竹妹再是不更事,也觉察出这个样子实在不尴尬,她涨红了脸说塔山叔,放开我。向塔山说我只比你大三岁,你叫我叔?竹妹只好答应叫他塔山哥,他才满意地拣出颗最大最红的刺莓丢进嘴。他的嘴最甜,说出一大串让竹妹气都回不过来的甜言蜜语。竹妹老实,她说,我已应许三牛了。她逃进松杉林,向塔山追上去。

《甜甜的刺莓》,孙健忠原著,可蒙改编,桑麟康绘,上海人民美术出版社1984年版。

这本书是1984年出版的,如果那时给我看,接下来的一句话我会看不懂:"向塔山果然成功了。"什么叫"成功"?追上她了?把手搭在她肩膀上了?她同意跟他好了?我买这书是在2002年,看到这句,先也不确定,后面挑明了:"竹妹心事重重回来,又羞又怕又悔。和三牛相处这么久,从没什么不规矩,而向塔山一下突破一切界限,使她失去清白。"——啊,三十岁的我,依然感到吃惊。那件事情,有时很远,像隔了一座山,有时又很近,只隔一层纸。三牛这样的小伙子,是肯陪着竹妹一起远远看它的,等着同她一起牵手爬过那座山去。向塔山这样的男人呢,他可不会等,也容易得很,他敢想敢做。正如他在县里的大会上英雄似的放言,他们寨要夺取双季稻大丰收,每亩得谷一千五百斤。

竹妹跟着向塔山走出杉林的时候,局势已经完全改变了。她低着头,她打柴的背篓转到了向塔山背上。竹妹是个软弱的姑娘。这件事情的性质,因为她的软弱而被模糊,同时这件事情又使她迷乱,她无法想清楚了。杉林还是刚才的杉林,而竹妹的世界变了一个。她不是个姑娘了。她的宝贝被抢走了。

"阿妈准定不会答应的。"她说这话,意思是她自己已经答应了?还是她其实没主意?向塔山可有办法让她的阿妈答应。他当着竹妹的面,直通通地说:"大婶娘,那没得法,生米已煮成熟饭了。"连毕兰婶都浑身瘫软,竹妹呢?她现在该想到,嫁给这个人之后,他会怎么待她。

向塔山这样的人,多么可怕啊!把她娶回家就变脸,动辄拍桌子打板凳,骂她,打她,骂她的妈,骂他自己的妈。或许这是他不得已的出口,他在外面当干部当模范,四面八方赔笑脸,积蓄的一肚子怨气只有往自己家里倾倒。可是这样的人有多么笨,一张变来变去的脸如何能得人心?他喜怒无常,在将要被提拔,要求着竹妹帮他办事情的时候,又戴起那张笑脸来了,他做得出,就不管别人看不看得过。竹妹已是他的人了,给他端饭洗脚的,只盼他好些。向塔山放卫星。双季稻,他先估算早九百、晚七百,每亩产量一千六,后来竟敢说要晚超早,光晚稻就要过千斤。上面来参观,他说谷仓都不够用了! 全满了! 他有办法把空仓布置成满仓。虚报了数字,怎么交粮呢? 他跟竹妹来丈母娘家找他们寨借粮,他真敢开口,说要借三万斤。竹妹为了他,给自己的娘跪下了。她没忘了吧? 几天前他还拿剪刀对着她,逼她诬陷她娘呐。

竹妹碰见三牛。她躲开了。瘦落了形的她已不敢再走那颤巍巍的独木桥,三牛偷偷起早把桥加宽了。她不要他了,他还一直给她孤单的娘当半子。他带领社员,踏踏实实扩种,争取大家有饭吃。多好的人哪,可是现在还能怎样? 还记得跟他在园子里说话的那个晚上,很好的月光……

事情是从哪里开始变坏的呢? 就是在松杉林里摘刺莓的那一天。一切好的东西,都被杉林里发生的事带走了。刺莓,酸酸甜甜的。我疑心向塔山那天根本就没有吻她。

2009 年 3 月 4—5 日

# 树缠藤

大小遮不住脸的语文书,竖起来就是屏风。把我自己的眼睛挡住,老师肯定也看不见我了,我跟同桌暗地交接《连环画报》。"《爬满青藤的木屋》看了没?""看了,好看!"我的同桌是个不爱读书的大女生,留过两级。真正的好东西,鼻子不灵的人也闻得到它香,它童叟无欺,老少咸宜。

"'你自己去亲一下。'"同桌笑。我晓得她会笑这个。知识青年李幸福在刷牙,守林人的女娃小青一边吃手一边看他刷。"阿叔,你的嘴巴臭吗?"她问。李幸福哈哈地笑:"日后叫你阿妈给你买支牙刷,早晨起来刷刷牙,牙齿雪白雪白的,好看。"小青说:"阿妈从不用刷子刷,牙齿也雪白雪白的。"知识青年想说服这个小女娃:"你阿妈的嘴巴有不好闻的气味吗?"小青答:"阿妈最喜欢和我亲嘴了,她的嘴巴好甜,你不信,自己去亲一下……"

——故事刚开始,就擦到边缘了。绿毛坑是个幽僻峡谷,几万亩森林只住着守林人一家,虽然与世隔绝,倒也自给自足。小青小通是各取了爹娘名字的一个字:王木通、盘青青。盘青青是个瑶家阿姐,长得"仙姑般美貌"。她为啥要跟这个武粗男人王木通呢? 从连环画里看,他没一点好处。生长在山里,其实她没多少选择。小说的原作者古华倒是为王木通说过几句公允话:他不算个坏丈夫。除了偶尔发酒疯打打老婆,他挺疼老婆的,家务活儿以外的事从不让她沾手,所以盘青青才那么水灵鲜嫩的。盘青青想到山外去看看,他才不让她去。去了不叫那些油光水滑的后生子们勾引走了? 他出一次山回来就讲些外面人斗人的故事来吓她,她也就死心塌地了。一个女人两个娃,木屋、山场,王木通全搞得定。坏就坏在城里来的这个后生家:李幸福,"一把手"——红卫兵大串联时他扒火车,把一条胳膊丢在铁轨上了——看着就作怪,不提防准出妖蛾子。

我找小说原文来对照,发现《连环画报》上改编得相当不错,刀子下得是地方,精炼语句差不多全在,还削去了个别臃赘。替王木通讲的话没法保住,这个可以理解。《爬满青藤的木屋》的连环画版网上有,画幅一样但次序颠倒,从而文字脚本也重新配了一套,改以李幸福为叙述者——这个定位失误了,我以为。爱情,纵是全心投入,也忌和盘托出,要讲究无意间的隽

他觉得盘青青能理解他,就把自己的想法和她讲了。青青阿姐像对待自己兄弟那样温柔、亲切:"傻子!你想做的事,就自己去做,不要再和旁人商量了。你难道是去做坏事?你呀——"

逸。李幸福现身说法地表达,猜测"她"是否有意于"我",效果不佳,搞不好应了王木通的看法:这个满心想着"我"和别人的老婆怎样怎样的残疾知青,就是个城里来的二流子。"近来盘青青常挨男人的打。真应了那句名言:哪里有压迫,哪里就有反抗。日常活计照样做,可是傍黑一上床,她就执拗地脸朝墙壁,任男

第二天一早,王木通铁青着脸宣布:"小通、小青,你们给老子跪下!好好听着!从今天开始,你们和你阿妈,谁要再走进那小木屋里一步,老子就打断你们的脚杆!"

人拉和推,也不转过身子来。"——哈哈,你是李幸福,你咋知道的?人家夫妇床上的事,毛头小子别胡猜。古华的原著里面,说的偏偏正相反呢:"……王木通这晚上却表现出了一种异乎寻常的克制,一种令人战栗的沉默,屋里的空气都仿佛凝固了似的。他用热水擦了身子洗了脚,没有理会女人摆在桌子上的饭菜,就闷不作声地上床睡了。女人仿佛晓得他窝了什么气,几次抖着双手和解地推了推他光赤条条的脊背。但他就像只沉甸甸的火药桶,倒在那里动也不动,真吓人。"古华就晓事,懂得两口子间微妙的拉锯。说理说不清的时候,拿这个和一下,就顺了,不用说理了。一般不都是他要么? 这次她来给,算作赔礼的。给他都不要,那问题严重了。

问题最怕被当作问题,等于追着它撑,越撑越是个事。王木通那天是出山去挑全家的口粮。以往他总要在场部住一夜再回,这次,担着一百二十斤大米,来回一百七八十里山路,他硬是连夜打了转身。他放心不下啊,大山里头就只他女人跟李幸福,他的女人和俩孩子晚上又都喜欢钻到那小子屋里去听收音机匣子! 他一身臭汗赶回家,果然! 自家屋里锅凉灶冷,女人孩子全在那屋。听那鬼匣子。里头一个女人正在妖里妖气地唱"阿哥阿姐芭蕉心"。

"'真好听,我阿妈在世时,就喜欢唱这样的歌子……'王木通见自己的女人那贼亮贼亮的眼睛盯着'一把手',亲亲密密的。'你们瑶家本来就能歌善舞……''一把手'也以那种不正经的眼神看着自己的女人。"——真绝,我笑死。古华此刻把自己当作王木通,猫在窗户上往屋里窥看这对男女,这角度就高明。木通老王也是个男人哪,盘青青的合法男人,他平时来叫娘儿几个回去睡觉,盘青青还这样应过:"还早哪! 傍黑就上床,天难得亮哪!"他气死,简直是扇他嘴巴,跟他睡觉天难得亮了! 他这一刻咬紧牙关,只骂孩子:"小通!小青!两个鬼东西都学会坐歌堂了?这下子天易得亮了吧?"回屋他不吃饭就睡,盘青青怯怯地推他的背,他不动。他当然不动!他要回过身来,等于把他自个轻贱了:这么容易?他难道是图这口?"吓啾!"古华不知从哪里采风来的这声"吓啾",安在王木通嘴里正合适,就像去浙江奉化那一带转悠可以捞到句"娘希匹"。

盘青青与李幸福单独相处,印象鲜明的有几次。冬天,他在溪边艰难地用一只手摆洗衣服,她拎着桶走来,接过去帮他洗了。她的手上有瘀青,被她男人打的。他要说这个么?她不让他说,骂他"蠢子",说手是叫猪撞的。她转身走了,没回头,忘了提水。他要去场部一趟,临走,她违反她男人的禁令,撞进他屋里。她给他一百块钱,托他帮她买一个他那样的收音匣子,买块圆镜,给她和小青小通各买一支牙刷子……看,都是和他用的一样的东西。他用的东西,说的话,全进到她心里去了。她平时叫他也叫得别致:"阿李"。"阿李"听得发呆,呆呆地看着她。古华的笔,这时也变得不高明了:"这个大森林的女儿真像尊美神。她胸脯饱满,四肢匀称,身体健壮。她温柔文静,身上透出一股压抑不住的青春活力。"这些词没一个用得好的,粗枝大叶,全不达意。还不如光看画,意思全在:她垂着眼帘,脸庞的线条楚楚动人,他看着她,眼神有些迷离,纯洁的小伙子昏热了。"你

43 走去。转身走出了木屋。"一把手"不由地赶到门口。目送她走去。"你呀……"盘青满心怨恨地瞪了"一把手"一眼，

《爬满青藤的木屋》，古华原著，小多改编，赵奇绘，《连环画报》1982年第7期发表。

40 "一把手"瞪大了眼睛盯着盘青青,心里十分吃惊。"你呀,尽看着我做什么?一个和你一样遭孽的人……"盘青青垂下了眼睑。"啊啊,好,好,青青阿姐,我照办!我,我……""一把手"心里感到有些慌乱。

呀,尽看着我做什么?一个和你一样造孽的人……"看来到什么时候说什么话是人的本能,盘青青这山坳里长大没经过调教的女子,有的也不仅是山野风情。他还傻,还说怕王大哥知道了又要……"你呀,不像个人,还不如爬在我家木屋上的青藤!"她满心怨恨地瞪他一眼,转身走了。这骂他的话是纯正山野风味,只是听不大懂,怎么叫作"不如爬在我家木屋上的青藤"?女人的话,不要跟她问道理。她说话就是不叫人懂,不懂才好!看你花多少工夫琢磨她。

《爬满青藤的木屋》结局不明。山火过后,不知道盘青青和李幸福到哪里去了,是不是还活着。即使不活着,他俩也在一起了。李幸福不是在浓烟热浪里拼命奔跑,终于找到了她吗?他们再没回来,那一定是到另一个地方去一起生活了。起头的那句无心的话,遗落在其他人的人间里,他俩都还记得起——

"你阿妈的嘴巴有不好闻的气味吗?"

"阿妈最喜欢和我亲嘴了,她的嘴巴好甜,你不信,自己去亲一下……"

2009 年 2 月 23—26 日

# 盖满川

"巧珍"。启口说出这个名字,我发现这两个不起眼的字玲珑利落。暌隔已久,当这两个字组合在一起,我们想起了一个姑娘。想起有她在的时候,那日子有多甜蜜稳妥。

路遥的《人生》,拍成电影是在1984年,连环画比之稍早。但不知什么原因,连环画里的高加林竟然很像电影里的高加林。我一直觉得,那位演员的相貌过于精巧,又偏于洋派,不大像陕北大地生长出来的农村小伙。虽说农村有的是俊小伙,高加林又是个读过书的、有想法的、气质佼佼不群的青年,但那位演员的风格稍嫌峭薄。连环画是个连续,一个人的面貌在这个连续中略有差异,我觉得第二十二幅的高加林非常理想:熙攘的集市中,他低着头,沉默,那一道从额到鼻再到唇到下颌的侧影线条,端正、淳朴而又蕴蓄,是正在打量着他的城市姑娘黄亚萍最为欣赏的角度。沉默的美男子尤其美,因为增加了深沉的厚度。

有一个姑娘默默地打量了高加林好些年,她就是被人称作"盖满川"的巧珍。"盖满川",就是说满川里的姑娘,数她盖了帽了:相貌好,心地好,劳动好,样样都好。但她是农村姑娘,没读过书,不认识字。所以她其实不可能有路遥描述的那些想法:"她爱他的潇洒风度、大丈夫气质和那一身多才多艺的本事",这些词汇她没有,她虽有感觉却不能形容。她一定感到了痛苦——她满满的爱,是个囫囵,她没办法用词语来捏塑它,使它成形。我的哥哥呀,我爱你爱得心都痛,你,强壮又标致。"强壮"、"标致",路遥在后面用的这两个形容词倒是对了,是巧珍

22 可是,黄亚萍很快发现了高加林的气质:山区的闭塞使她变得更加富于幻想的个性,有时反显得格外高傲,又爱读书看报。眼界此竟阔,她更愿意接近这个来自农村的聪慧才气的青年。他们常在一起读小说,听音乐,谈时事……

《人生》,路遥原著,孙为民、聂鸥绘,人民美术出版社 2008 年版。

的话。巧珍拼尽全力,挣出的最大表达也就是这个:"加林哥!你要是不嫌我,咱俩一搭里过!……"

没有文化,并不妨碍一个人爱的能力和表达。巧珍就是一个很懂爱、很会爱的姑娘。她想高加林,想了好些年。我们不知道她向他倾诉时的言语,只知道他听得眼睛潮湿。古代曾有个不识字的女人,思念丈夫,给他写信,画了一个又一个的圈。那密密麻麻的圈儿就是她在说:我想你,我爱你。语言可以精妙、精准,而有时,拙朴也能抵达准确。巧珍对加林能说些什么呢?"你在家里待着,我出山劳动!不会叫你受苦的!"唉,加林要是娶了这个女人,她将一辈子把他捧在手上,含在嘴里,搂在胸口。地母一样的女人啊,她最初是以妙龄少女的面目出现的,要越往后,你才能越明白她的胸怀和能量。

巧珍说完了,加林做了什么?虽然她的表白完全出乎他的意料,他事先一点都不知道。一点都不知道,他被她爱了这些年!他搂住了她吗?他吻了她吧。之后的情话里有这么一句:"以后你要刷牙哩……"若换个城市姑娘,这句话会令她终生羞惭,可巧珍只是说:"唔,你说什么我都听。"他们乡里人,谁兴刷牙哩!巧珍从此刷牙,由着乡亲笑骂。

乡人的笑骂,亲人的反对,对加林巧珍来说不是问题。他俩真正的问题在于,她爱得比他多。即使在与她热恋的时候,他心里也没忘了要摆脱土地,一旦机会来临,他是肯定要离开的。他留在农村能干什么呢?要文不文,要武不武。从小他就是块读书的料,他的理想在远方,是命运的捉弄把他打回了农村。要跟巧珍好,他就会被拴在土地上一辈子了。他的彷徨,也曾使她痛苦,而她的爱又总是在那里,触手可及,越发给了他空间,他可以举足不前。巧珍给加林的爱是不是太多了?她爱得本来就比他早,早那么些年,他怎么也赶不上了。他是不是也真的爱了她呢?还是苦闷中抓住的就算作爱情呢?他是有文化的,向往城市的,这点上巧珍永远缺憾,她自己说,她配不上他,可是他俩在庄稼地里甜蜜的依偎,已将彼此拉平。世俗层面上,是谁先爱了谁输,谁爱得多谁输,但精神层面上恰好相反,爱得多的那个人才赢。爱使他(她)的内心更丰富,感受更剧烈,对方给予的爱的表示,他(她)加倍地接收、汲取了。"上河里鸭子下河里鹅,一对对毛眼眼望哥哥……"陕北的信天游,替姑娘小伙传情达意。——哥哥,我在看你。你晓得我在看你吗?听我唱的歌子,你也看看我。

加林后来如愿进了城市,遇见了本来就互有好感的黄亚萍,两人不仅谈得来,她还能有力地帮助他发展,他爱情的天平自然发生倾斜。《人生》其实是个古老的故事。置于八十年代初的时代背景下,城乡差别、户籍制度、关系学、农转非,这些因素叠加进来,爱情不再能简单地实行——不仅加林和巧珍之间如此,加林和亚萍之间也如此。路遥将每个角色都写得很到位,但他在结尾对高加林的判词却失之简单化:"哥哥你不成材,卖了良心才回来!"高加林是卖了良心吗?看过电影《人生》的人,都对其中的一句台词印象最深。巧珍来城里看加林,跟他说:"我们家的老母猪生了十二个娃娃,压死了一个,还有十一个。"拿笔杆当记者的加林难道一辈子听她说这些吗?他们俩过得下去吗?——不是我不爱你,妹子。在该爱你的时候,我爱了;现在我走远了,爱不到你了。

路遥给予高加林的理解,还不及巧珍给他的深厚。他把她约到桥头,跟她摊牌。怎么开口呢?她甚至帮他把这一难题担待了,不用他开口。"你的意思我明白了!我不连累你!你进城工作,我就想过,尽管我爱你爱得要命,但我配不上你……你走你的,到外面找个更好的……到外面你要多加小心,人生地疏……加林哥……"等他抬起头来,她已经走了,眼前只剩下一条空荡荡的土路。土路伸向高处,伸向无限广阔的山川平地,剩下他如此渺小,孤零零一个人。他恨自己!憎恶自己!这憎恶是一种不由自主的价值判断,他在这个农村姑娘面前感到了自己的卑小。巧珍这姑娘,多么让人钦佩啊!她的心被刀子扎了,而她不哭不闹,一声埋怨也没有,自己走开了。谁教她这样做的呢?没有人。因为

51 她先在他那晒得黑红的皮肤上亲了一下，然后啜泣起来。加林这才感到，亲他的人也是他最亲的人！"巧珍，我再不那样了。""加林哥，那你发个誓！"

她的心是金子做的，她做的事，就带有金子的光泽……

同时，她也把属于她的爱完整保存了。爱其实是一个人自己的事吧？所谓得失，真的是人可以把握的吗？有多少结果和你的初衷是背道而驰的？得到手的，可能反而失去了；失去的，反而永恒了。这朴素的真理，没多少文化的乡间人物也多有参悟。像那个一辈子没结婚的德顺爷爷，他讲起年轻时爱过的女子，他的言语真让我震惊："我死不了，她就活着！她一辈子都揣在我心里……"

2008 年 10 月 14—15 日；2009 年 3 月 25 日改写

## 辑五 古装系列

## 阿睹何物乎


他的画,是让人过目不忘的,即使我当年还小,不懂得欣赏;即使他甘冒大忌,于成名之后换一个名字——他叫卢延光,又叫卢禺光,但他不署名都没关系,那画一看就是他的,无须署名。

我小的时候,他也只三十多岁。他的线条,刚柔并济,人物造型高古典丽。但有些东西,是我小时候不太喜欢的,比如布局于他画面中的一些装饰性图案。我的小,是指十岁上下,心思单一,理解有限,不希望反映故事的画面中插入驳杂,我把它们视作干扰。他得等着我,等我长大,他依然在那里,而我豁然洞见,哑然惊艳。

早年的图画都散失了,我买回了一本《长生殿》。翻开第一页就可见,卢延光有多出众。"唐玄宗李隆基即位后,励精图治,史称'开元盛世'。到天宝年间,他以为天下太平了,便纵情声色,日见昏庸。加上穷兵黩武,民不聊生,祸乱已萌于无形。"三萌于无形。色，日见昏庸。加上穷兵黩武，民不聊生，祸乱已盛世"。到天宝年间，他以为天下太平了，便纵情声一唐玄宗李隆基即位后，励精图治，史称"开元

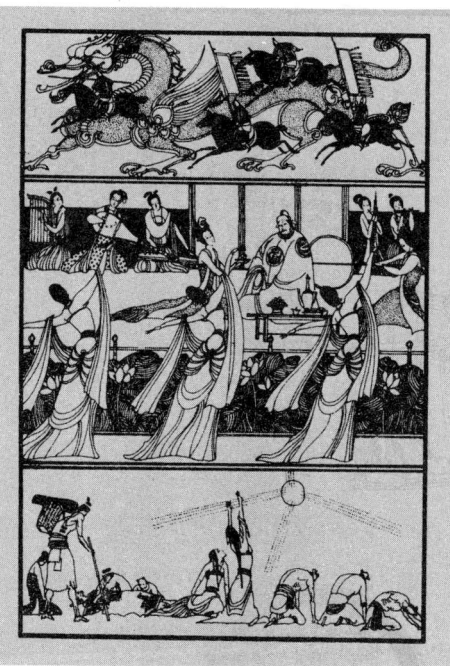

《长生殿》，洪升原著，卢延光绘，中国戏剧出版社1985年版。

句话，一幅图，卢延光把一幅分解为三幅：中间的大块，是唐玄宗在歌舞升平的场面；其上的窄横幅，是装饰画风格的兵骑图；其下的窄横幅，是孤苦无告的乡民在匍匐拜日，企求上苍，有民间舞蹈的效果。而"她跪在丹墀，莺声燕语；李隆基心花怒放，如醉如痴"，卢延光画成了两扇屏风，拼在一起：他在左上方，盘坐在圈椅中俯身；她在右下方拜伏，取一个婉转的姿势；余下的右

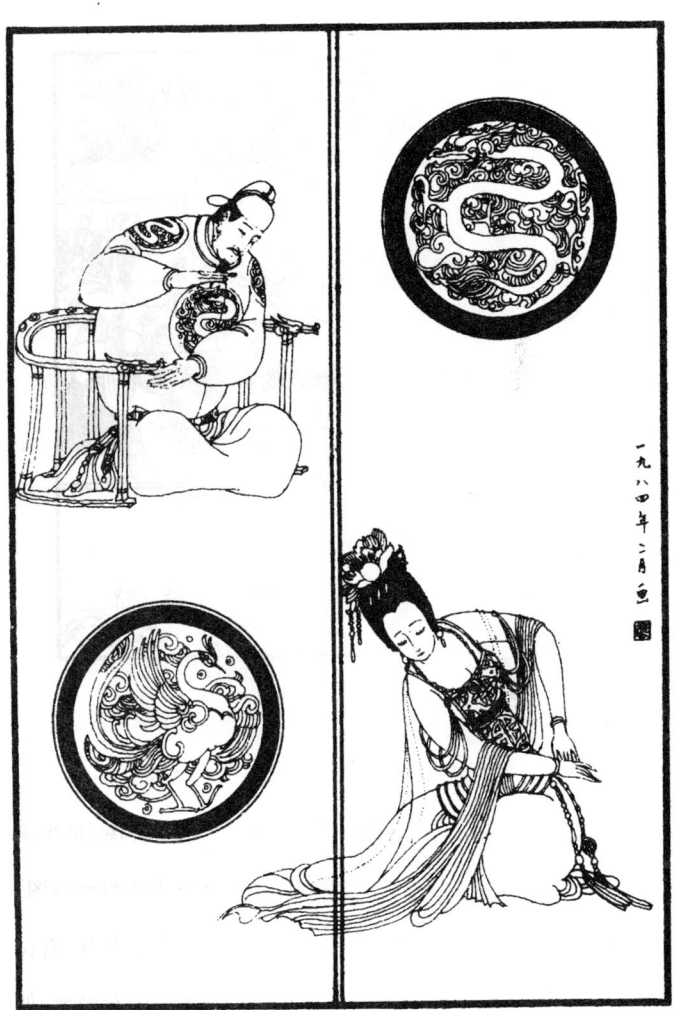

她跪在丹墀，莺声燕语，口称"臣妾贵妃杨玉环见驾，愿吾皇万岁！"李隆基心花怒放，不禁如痴如醉，连声说："平身，平身！"

上左下两块,他分别画了一枚圆形图章来补白:一龙,一凤。小小连环图,怎堪得如此考究、典雅!当年的卢延光若是志在连环图,那么他毫无疑问是此中翘楚;若他另有大志,那么我联想到海涅的话:"一个天才的笔往往超过他暂时的目标以外。"

洪升的《长生殿》,"情感浓烈,想象丰富,情节动人,词采绮丽",他的笔配得上那唐代的皇宫里,聚敛了一切最高华的物象来表达的,又不乏真情的爱情:李白的诗、李龟年的曲、仙宫一样的亭台楼阁、快马加鞭从海南运到长安的荔枝。再用一支什么样的笔来把它绘成画?不能是凡品,还记得王扶林的《红楼梦》么,拍得如此难能可贵的精致,面世时还有人讥刺说是"郊区版的《红楼梦》"哩。站着说话不干事的人尽管逞弄轻薄口舌,可是其间确有一个道理在:无论怎样的具象,比起想象来总要差了几分,没差到农村去也还在郊区里。可是,卢延光的《长生殿》何止不在郊区,它也不在城市,它在云端!云想衣裳花想容,他明白,具体的美,再美也是有限的,因为突不破你感官的感受程度;唯有将它抽象化它才能升华,升至与你的想象齐平的高度。

我一幅幅地看卢延光,看他如何在方寸之地安排格局,表现抽象,体现高段。他曾经一度,受成语"画龙点睛"的启发,尝试画人物不画眼珠,将它虚掉。眼珠,阿睹物也,我们的眼睛所看到的世界,是具象的,合乎空间逻辑的,为了这个空间逻辑,

安禄山十分骁勇,一箭又射中了一只野鹿。众将士齐声呐喊,山鸣谷应。

有关联的事物就得分离,你得先看此,再看彼,然后在头脑中把它们联系起来。但卢延光把它们合成,把有关联的事物摆成一个最美丽的组合。看这幅:"安禄山十分骁勇,一箭又射中了一只野鹿。众将士齐声呐喊,山鸣谷应。"安禄山,骑白马,马未必真是白马,只是不着色,纯粹线描而已,他张弓的姿势犹在,而箭已射出,他的斗篷飞扬于后。在他这一骑的下方,是一只中箭的鹿,仰身欲倒,鹿是黑色,世上当然没有黑色的鹿,这黑与白的对比,只是为了凸显空间关系,二者交叠形成的综合印象。画的下沿,是排列成一队的将士,手拉手,向上举起,组成一道花边,是这幅画的裙摆。多么高妙啊——你的眼睛看到的是物质的真相,他画出来的是美的真相。

这个男人,我不知道他的内心美到何种程度。他画的杨玉环,娇怯不胜地靠在他造出来的牡丹花丛上。牡丹有那么高吗?牡丹靠得住吗?虚虚实实,他让画面成立。神仙妃子似的丽人高高在上,底下,比例小得多的唐玄宗坐着步辇,宫女们抬着他上朝。见了她,他变得很低很低,低到尘埃里……从尘埃里开出花来。

杨贵妃与李隆基,金枝玉叶的日子里,每天干些什么。"承欢侍宴无闲暇,春从春游夜专夜。"杨玉环的才华,就是做女人,她懂得怎样把女人做到极致。她谱曲,《霓裳羽衣》;她制翠盘,翩

宫女杨玉环丰神艳丽,有倾国倾城之色。李隆基一见倾心,便将梅妃江采苹打入冷宫。今日上朝,就要册封杨玉环为贵妃。

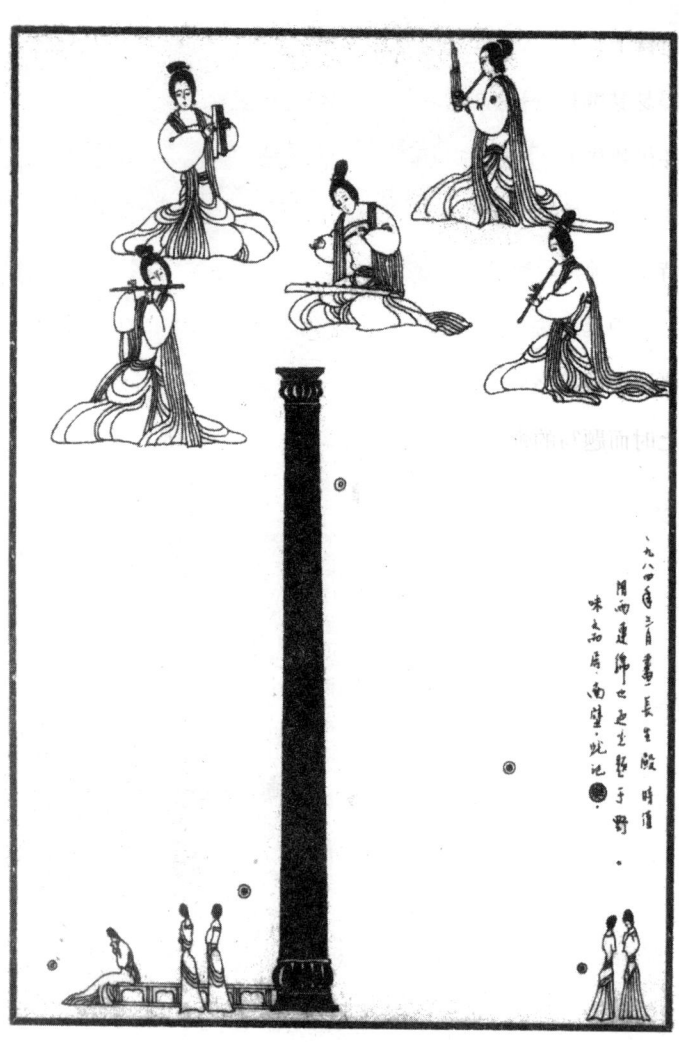

上阳宫中,失宠的梅妃,此时听着远处的笙歌鼓乐,只有独对宫娥,暗中悲泣。

踮舞于其上。大乱来临时,她伴随左右,在哗变的危机中,虽然怕得瑟瑟颤抖,但见无路求生,便主动请死:"但愿陛下平安至蜀,妾虽死犹生。"她这才叫虽死犹生,她这样去死,足以让李隆基终生追思。她吓得瘫坐在地,卢延光的惜玉怜香的笔,安排了两个侍女一前一后抱紧她一同跌坐下去,她俩陪她一同落泪、心碎。

卢延光说,他一直非常欣赏梁启超先生所说的"美丽人格",人的品格应当优美。他的画就在印证他的话,还有他的画上时而题写的蝇头小楷,如:"天地有正气……"

2008 年 7 月 27—28 日

# 赶考的罗伦

《罗伦赶考》,一个拾金不昧的故事。书生罗伦,进京赴试,途中他的小童捡到一只金镯。罗伦得知后,星夜备马,折返去寻失主。原来一家主妇洗脸时,金镯落入盆中,侍女不知,连水带镯一起泼掉。主妇找不到金镯,怀疑侍女偷去,拷打逼她招认;其夫得知此事,又疑心妻子有外遇,整日辱骂不休。主妇侍女有口难辩,各怀冤屈寻短见,幸好都被救下。纷纷攘攘之时,罗伦主仆赶到了。

就这么一个简单的小故事,画成连环画不过十来幅,不能出版,只能发表。而这十来幅,端的是惊才绝艳,竟然引起画界震动,引发趋之若鹜的模仿。可是,别说后来者难以模仿,连《罗伦赶考》的作者本人,后来也模仿不了自己了,更无法超越。它成了绝响,昙花一现,后无来者。

行家的评论我并不懂得,"钉头鼠尾描"、"铁线描",那是他们才看得出来的,我一样也不知,遑论二者的结合。还有所谓"灵动于智慧,放达于激情,酣畅于气脉,写兴象之意,求造境之美。大气冲盈,神逸象外,清丽婉绰,天然端雅,颇具'逸格'之妙。高怀见物理,云壑畅精神。"——我得补补古文的课才能看懂这方家文字。我只觉得《罗伦赶考》是美的,不仅美极,内中还蕴蓄了无限情怀。它被最多地引用,也被我临摹过多次的,是这一幅:少妇端坐镜前,正往如云的发髻上插一支簪子。她是背对我们的,我们只见她衣香鬓影,身姿婀娜,左手腕上一只镯子,右手腕上无,既点明了"镯子已失"的事实,又刚好符合不对称的美。她身侧摆着一爿四扇屏,是一个大面积的隔断,它的右边,侍女正掀帘而入,脸盆夹在腋下,盆已空,镯子泼掉了而她不知。这幅画,妙的不仅是巧妙交代情节,更是它传达出的深闺美丽气息,这样的慵懒、闲逸、雅致,满画面都是:屏风上荷花出水、荷叶亭亭,竹躺椅上盘踞一只白猫、丢一柄团扇,帘子是密细的竹条,脸盆带了荷叶边,妆台的抽屉拉出了一半。还有那扇圆形的窗,窗外的芭蕉、杨柳,映得满室生春。这定格的画面如此美丽,让我们浑然忘却其后的些许——这不露面目的丽人,衣衫的线条柔婉如斯,像水纹,像云朵,像荷的叶,像柳的条,可是她回过身来,会拷打侍女吗?会悬梁自缢吗?不——那是以后的事,这一瞬间没有。此时,岁月静好,现世安稳。

果然不出罗伦所料,原来一家主妇洗脸时,将金镯落入盆中。侍女不知,连水带镯一起泼掉。

罗伦压下怒火,耐心地对仆人说:"丢失贵重物品的人,总是焦急万分,甚至会出人命,非同小可,宁肯误考,也要送还。"

《罗伦赶考》,高云绘,《连环画报》1983年第6期发表。

画《罗伦赶考》时,那个叫高云的年轻人才二十六七岁,刚从艺术学院毕业。他学画,是在插队的时节,由于白天要劳动,他每天早上四点就起床练习画画,苏北的冬天特别干冷,他的手因此而被冻坏。后来……他就考上了艺术学院吧。就仿佛赶考的罗伦。真的,他很像他,情怀上,他们都处于那种最初的心的阶段,不知道自己的未来在哪里,有一点茫然,然而坚定,踏踏实实做着事,相信自己这样做是对的。天道酬勤,也酬义,酬答那些默默用功的、诚实的人。高云后来获得了无数的奖。初出茅庐的《罗伦赶考》获的是全国美展金奖。他获得的全国美展奖是最多的:一银、两铜、特别奖,还有全国邮票设计评奖最高奖、全国连环画评奖最高奖……可是他后来做官去了,不画画了,据说他"搞管理比画画还强"。

他的一位朋友,与他饮酒,一定要他承认,他后来耗费巨大心力画的《长生殿》不及《罗伦赶考》。要承认这点是艰难的吧,他终于还是承认了。不承认也不行,提起高云,人家说的都是《罗伦赶考》。

作为美术界的管理者十分成功的高云说,他最后会回归美术。

2008 年 7 月 28—29 日

# 良　宵

王叔晖画的是王实甫的崔莺莺，不是元稹的。我读过一本薄薄的册子，专讲两个崔莺莺的对比，忘了书名叫什么。对比是通过细读来做的，从文本中得到许多惊人的发现，看来一位作者写一部书，意在笔端，运笔的起承转合都有不自觉的指向性，他还未必决定要那样写，通灵的文字先知道了。莺莺是悲剧么？莺莺是喜剧么？一旦是喜剧，莺莺自己就得让位了，红娘才是喜剧的主角。

要搬演或绘写，都得是王实甫的《西厢记》，不会是元稹的《莺莺传》或《会真记》。我试着，将我看到的有限的几幅王叔晖画的《西厢》想象成《会真》，竟然毫不困难，因为我没看到结局，它只到"饯行"为止。"饯行"一幅，大有悲意，长亭内端坐的老夫人面带严霜，亭外，莺莺张生衣带当风，呼应着零落飘舞的红的秋叶。莺莺神色悲戚，她微蹙的眉，无语的唇，喻示的不像是暂别,倒似永别。《西厢》里两人是要团圆的,《会真》则终究不相见了,"为郎憔悴却羞郎"。唯一不甚合的,是画中人物的脸稍嫌太红润了些。

莺莺的脸色的红润,在"佳期"一幅中渲染得最好了。莺莺正被红娘推进张生的门,一只脚刚跨过门槛。她含羞地回过脸,不自觉地举起衣袖挡在面前,另一只衣袖托着腮,她需要这两重的遮掩,不敢直面打开门的张生。她看的是与他相反的另一个方向,正好让我们看清——她的脸,悠红丝白,红是红到眉弓,红到腮边发际,是晕红,并非大红,额部仍是白皙的,一点樱唇,红得略深,紧抿着。身当此刻,她仍是矜持,步履端庄。开门的张生,他的身姿透露出他的大喜过望,幸而神色不露喜,尚未轻浮失仪。否则他怎么配得起莺莺这跨进门的一步——有谁知道,深闺少女,跨进他的门的这一步有多重。

"自荐枕席",古典小说中常有的话语,从前我读到,并无特殊感觉,总想象那些女子是平静的,因为爱慕,她们自愿来成全男子的欲望。直到有一年我读到一篇散文《女人:暗夜里的琴声》,里面写道:"她们携带身体最深处最疯狂的欲望,来'自荐枕席'……"才提醒了我——她们的内心也是有欲望的,欲望也会是疯狂的,她们自荐枕席,主要还是为了让自己快乐到巅峰。人一生能有几次巅峰呢?多么难得才碰上这个人呢?谁知道,你

《西厢记》,王叔晖绘,人民美术出版社1953年版。

还能活多久呢?

辗转思想多时,便来度此良宵。良宵只有一晚。"是夕旬有八日也,斜月晶莹,幽辉半床……"这是不是张生的角度?是就好,压住跟着的一句"张生飘飘然"。而这几句呢:"斜月穿帘栊,明月覆半床。云雨将天晓,红娘催促去。终夕无一言,犹疑是梦里。及明思昨夜,缕缕是真实。"也是张生的角度,但它更加深情,说是莺莺的角度都够,够贴切。天明,莺莺已去。"及明,睹妆在臂,香在衣,泪光荧荧然,犹莹于茵席而已。"她哭过吗?她哭过。她哭了。你以为她很快乐吗?是会快乐的,但在这个初度的良宵她没顾上。她光是看你怎么待她就够了。她曾隔窗听过你操琴。女人是什么呢？倘若她也是一张琴，你的手，于她便是调停。

王叔晖先生，是一位被尊称为"先生"的女士。常见的她的肖像，都拍摄于她的老年时期：她面色端凝，正处在一种凝思的状态中，手指间夹着烟，一缕烟雾袅袅升起。她的手指已被熏黑，但事实上她很少去消化烟毒，她抽烟，一天只需一根火柴——作画之前，她点起一根烟，然后运思入化，在香烟缭绕的画案前慢慢走笔。她在画画，也是在打坐，运气，参禅。时而一惊，烟已将灭，于是接上烟头再点一根。她的心思静极了，她入了一种境。在境中，她跟着崔莺莺，跟着红娘和张生。《西厢记》她先后画过几种版本，从四十出头，到年近七十，她跟随、伴陪了崔莺莺几次。即使在第一次，她看崔莺莺的眼光，也够老了——她四十一岁了，莺莺才十七。四十一去怀想十七——你在做着什么样的梦呢，姑娘。

别人的评论已经写得够好："王叔晖画出了'虽是照人的明艳，却不飞扬妖冶；是低眉垂袖，璎珞矜严'的东方女性美，那是充满了人格力量的外在美和内在美的结合。王叔晖以女儿之身，深刻体验了中国妇女的深重苦难和神圣悲愤，经过自己感情世界的热烈燃烧和提炼，冷却成一种思想，一种情怀，一种品质,而超凡入圣。"是的,崔莺莺是明艳端方,绝不妖冶。端庄才是正格,在任何情况下,在哪怕是不能自持的情况下。情浓意抒,优雅恬静,方才境韵悠长。

而,我不知道王叔晖有无替莺莺揣想过,这良宵过后,等着她的是什么。给她的脚本是《西厢记》,不是《莺莺传》,人为地掐断了过度思虑,若肯大而化之,不钻牛角尖,结局便是好的,大团圆。其实对二者来说,良宵都是一个分割线,之前,莺莺的愁是闲愁:"花落水流红,闲愁万种";之后,她的愁就不那么轻盈了:"自去秋已来,常忽忽如有所失。于喧哗之下,或勉为语笑,闲宵自处,无不泪零……"

良宵是少女的梦的巅峰。魂牵梦绕,终于抵达了,到了实地。而你想过没有,姑娘,在这一最高点过后,你就要从梦境跌落了。

2008年8月4—5日

# 但使相思莫相负

《梁祝》的故事，其实缺少一个矛盾的高潮。它的矛盾的发生和解决，是平淡的："贤妹啊，既然是你想我，我也想你，那你何不跟我一走，成就我们两人的心愿。""梁兄啊，我俩今生今世恐怕不能在一起了。""既是如此，让我告别了吧。"心碎的梁山伯不失礼节地告辞出了门，回家就病倒病故去。所以《梁祝》的高潮，一在末尾的"化蝶"，一在中间，憨厚的梁山伯得知祝英台原来是女子的时候。

梁山伯真是呆。三年里同窗共读，他怎的就看不出祝英台是女子？她的耳环痕给他取笑过，她用话遮掩，他便熟视无睹。她荡秋千的时候，女儿的体态不自觉地暴露，他看见了，就说出来："你怎么像个小姑娘一样。"说出口的，就入不了心，心中不存疑窦，就没有东西引领他探究真相。他们的师母，是早就看出来了，她宽厚地不说破，拿过来人的眼光饶有兴趣地看着这个姑娘,她的一举一动,包含着些什么心思。

"十八相送"是重头戏,英台一路说了多少弦外有音的话,可惜山伯一句也没有懂。"倘若英台是姑娘,愿与兄长配鸳鸯。"话说到这个地步,说明她心里的想法非止一日,她把终身的主意都拿定了。她这三年,过得是幸福还是痛苦?她的爱完全是单向的,他全然不知,更无回报,他回报的同性情谊不是她所要的。她怎么能确定呢:一旦向他揭开自己性别的秘密,他就一定非她莫娶?说不定她这最近的人偏偏就是最远的,因为太超乎他的想象,他三年来都把她当"贤弟",转不过弯来,最多只把她转变成"贤妹"。如果是那样该多可怕,她与他日益增进的情谊只让他往相反的地方去了。英台会不会有时感到痛苦。甜蜜掺杂痛苦,这才是恋爱的滋味,辗转犹疑,不能确定,两个人之间隔着空间,蓄满张力。十八相送,张力的弦搭满了,越搭越满。本来她不至于要说那么多话的,全怪山伯像只呆头鹅似的不懂。她终于问了那句话:"倘若英台是姑娘……"这话她在心里已经问了好多次,他的回答却是这样:"贤弟想法太离奇,除非投生在来世。"多么令人失望的答复啊,难道这一假设不让他感到哪怕丝毫的惊喜?路过古庙,英台又说了句惊世骇俗的话:"兄若为僧我为尼,出家也能成夫妻。"她拉着他,作势要学拜堂的样子,可是他连一点儿虚拟的满足也没给她,他说"荒唐"。

所以一路上,两人只是流水落花似的说话,一个有心一个无意,行动上也没有多少缱绻之态。她的姿态是包含柔情的,而他那头,是一个男子对着另一个男子,叫他如何缱绻得起来?她害怕不敢过独木桥,请他搀扶,他的"扶"却像是"拉"——他已走过了桥,一只手给她牵着,她犹自在不稳的桥的中间挪步,另一只手臂伸开,以尽力保持平衡。会不会落下水去?这危险她独

28　山伯送英台到了钱塘道上,抬头看见树上喜鹊成对,英台便吟道:"树上喜鹊对打对,今日英台一人回。"山伯却说:"贤弟虽是一人走,到家便如鸟归林。"

《梁山伯与祝英台》,司徒佩韦改编,王叔晖绘,人民美术出版社 1954 年版。

自担着。相送的连环图中最有意味的一幅,是二人一同看树上喜鹊的情景:并立,仰视同样的角度,神情也相像,这使他二人的容貌颇为相似。十分相似的眉眼,却有微妙的区别,在于她的眉眼中多出一分情丝。多不容易的拿捏——同样是只一笔勾出的眼睛的线条,有的就有情丝,有的就没有。

"我家有个小九妹……"她给她自己做媒了,虚拟一个跟她容貌一样的孪生妹妹,许给他。好像古代的男子,对别人许给他的女子总是心实喜之地接受,爱慕他的女子,从来不落空。——假如有这样一个女子,容貌才情就跟英台一模一样,你愿不愿意娶呢?——愿意的,他连连称谢,那个女子长得像英台,又是英台的妹妹,天下竟有这般美事呀,他愿意。这该是英台最幸福的时刻,幸福只有一步之遥了,只差一步的憧憬比抵达的一刻更妙。接下来还有一重她看不见,但可揣想千百回的幸福:他回到书塾,师母将向他揭开她的秘密。他在那一瞬,会是什么表情和心情呢?他会带着那个表情,那种心情来找她,来聘娶她。

他会想起相送的路上,她对他说的一切话,明白过来它们的含义。她的脸红起来,为自己当时越来越大胆的话语。因为他老听不懂,她才那样说啊,否则她怎敢,怎说得出口。她说了那样多,现在他慢慢回想起来,是一重又一重的震动,几乎让他经

78 英台满面愁容,长叹一声说:"唉,梁兄你来迟一步,一切都大变了。"山伯大惊,急忙追问缘由,英台只得率直答道:"父亲已经将我许配给马家了!"

受不住。他是个老实人,君子可欺以其方,她扮作男子,他便不疑有假,杂念不生;而一旦得知她的深情,他定会加倍回报,因为,他欠了她三年的相思债。

可是,为什么幸福总是在伸手可触时失去。梦总是在即将实现时碎掉。"梁兄,你来迟了……父亲已将我许配给马家了。"

——梁兄啊,我俩今生今世恐怕不能在一起了。

——既是如此,让我告别了吧。

他的心已碎。为着自尊,也为礼数,他支撑着告辞出来,回家。支撑着,让形骸后一步碎掉,碎在自己家里。

英台没看错人。这个人用生命来偿还她的相思债,现在,又成了她欠他了,如何偿还?他已化作蝴蝶飞去,她也化为另一只蝴蝶,与他双宿双飞。

2008年8月31日—9月1日

# 青花瓷器

在网上,我搜不到连环画家徐晓平的底细。有几个网页提到他,他是位男性吗?倒是超乎我的想象,他的画如此工致、精细、妍丽、圆润,如此女性。上美社的那套《红楼梦》,第四册《黛玉葬花》是他画的,1981年初版一印达2,500,000册。我一直最喜欢这第四册,在网络时代才知原来别人也一样,徐晓平画得太特出了。

我还有一本他的《紫鹃情辞试莽玉》,天津人美的。是从《红楼梦》里撷取的一个片段,紫鹃假说林姑娘要回苏州去,试试宝玉的心。片段适合精描细绘,我觉得这本似比《黛玉葬花》更好些,连环画坛也将这一单本视为《红楼梦》画苑的名作。精美的图,甚至有个"框"的设计,比上美社那套更考究:上美社是仿线装古书的样子,画外竖排打格配文字;《紫鹃》这本,文字仍在竖排方框里,画则分离,在一个既圆又方的框里呈现,仿若一块圆润的玉。文与图,再用线装书的装帧元素连接。"框"尚如此,画本身呢?除了他的画本身,还有什么能够形容他心窍的玲珑。

有人形容,徐晓平的画像青花瓷器。真的像,同样的感觉,你得小心翼翼地端着它,捧着它,手指的力道不均,可能会捏损了它,口鼻的气息不匀,是唐突了它。《紫鹃情辞试莽玉》和《黛玉葬花》,黛玉都是主角。她就是个青花瓷器一般的人儿,吹口气就会倒,受点风就要病,没来由就爱哭的。徐晓平画的黛玉,容貌上并无特异之处,他笔下的年轻女孩子,还有宝玉,眉目都一样的简约秀丽,他不注重人物的面相差异,然而在一大群女孩子中间,你还是看得出谁是黛玉。谁是那个"小性儿,行动爱恼人,会辖制你"的黛玉。林姑娘是个难伺候的呢,丫头婆子们哪个不心知肚明,你若不是怜她懂她体贴她的紫鹃,只怕每天替她煎药捶背倒痰盒,也不免多嫌着呢。黛玉倚栏坐着,潇湘馆的栏杆是竹子做的,上方垂下的竹帘卷起了一半。见袭人满脸急怒地跑进来逼问紫鹃,她疑惑起身——黛玉的衣着,在原著中少有具体描绘,她本是个以灵性为主的人,不仅衣着,连面目都空灵得几乎只是个神情,在这里,徐晓平画的她的一袭衣衫没有颜色、花样,浑身上下,一无装饰,我们只见她怯弱不胜的身姿惊讶地倚斜,纤腰一搦。"……只怕这会子人已经死了!"袭人的话说到此,黛玉"哇"一声把才吃下的药一口呕出,一阵急

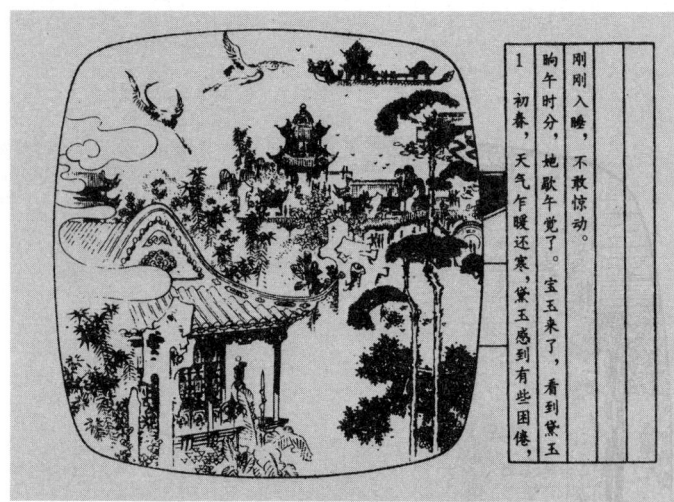

1 初春,天气乍暖还寒,黛玉感到有些困倦,晌午时分,她歇午觉了。宝玉来了,看到黛玉刚刚入睡,不敢惊动。

19 紫玉见袭人举止大变,着忙地问:"到底怎么了?"袭人定了定神,把刚才的情形说了一遍,放声大哭道:"只怕这会儿人已死了!"

《紫鹃情辞试莽玉》,曹雪芹原著,萃娃改编,徐晓平绘,天津人民美术出版社1982年版。

"你呀真是个傻子,原来是愁这个,我告诉你一句真心话:活着,咱们一起活着,死了,咱们一处化灰,化烟。"宝玉认真地说着,恨不得把心掏出来给她看。

紫鹃也不理她,只管自言自语地说:"最难得是从小一块儿长大,脾气秉性彼此都摸透了……"黛玉笑着啐道:"嚼的什么舌,忙了这些日子也不知道乏,快给我闭上嘴,好生歇着。"

咳，喘得抬不起头。对赶着来捶背的紫鹃，她头也不抬地说："你不用捶，你不如拿绳子来勒死我。"——得说，林黛玉其实是个会闹的主儿，她知道什么话能最有效地辖制人刺伤人，不然怎么说她尖酸刻薄呢。这样一个女子，看你如何相待？嫌她麻烦、怕她难缠，那就像贾府合家上下那样，明里疼她，暗里欺她，想办法把她划出去；若你懂得她的高洁不俗、目无下尘，你就会像宝玉，或者紫鹃那样，拿出真心来爱惜她。

徐晓平的画的瓷器感，不仅表现在人，还表现在物。画《红楼梦》的一个重要方面，是大观园里的园林布局和室内陈设，而他画的这些又尤其精巧。我十一二岁的时候，特别迷恋《红楼梦》连环画里的室内陈设，并致力于模仿。古色古香的屏风、帘栊、几案、床榻，我的生活里一样也没有，而我设法找到相似的替代物来获得愉悦。前几年，我去过北京为拍摄电视剧而建的大观园。当时夕阳西下，园子已经下班，看门的师傅说我来一趟不易，让我进去随便拍几张照片。就我匆忙看到的园中景致，我觉得实在粗糙，水是死的，假山毫无线条感，亭台阁榭，是毫无意思的亭台阁榭，合着旅游者常说的一句话：咳，也就是个亭子！夕阳稀薄，园里空荡荡的，没有人，没有情韵。它怎比得连环画上的大观园呢？我曾经临摹过多幅徐晓平的园林景致。沁芳亭，果然又沁又芳；藕香榭，果然又藕又香！长廊迂回，小桥曲折,崇阁巍峨,玉栏绕砌,真如仙境一般。几只鹤在凌空飞舞,这并非他的虚构,原著中就这么写了:"黛玉看了一会鹤舞……"仿造的真景在我眼前,它一点也不好看;假的,画上的景,那才叫好看。

2008 年 9 月 10 日

## 闭门推出窗前月

"口吐莲花",这个词最近频频跑出,它是从《三言二拍》里来的。秦少游化装成道士,跑到东岳庙里去目测苏东坡的妹妹究竟是否像她哥哥形容的那样丑,结果当然是不。他与她搭讪:"愿娘子身如药树,百病不生。"苏小妹也不介意,随口对答:"随道人口吐莲花,半文无舍。"

《三言二拍》里的小说村气,因为它们太务实。而这篇《苏小妹三难新郎》是个趣致的篇什,没多少故事成分,好就好在这里。人活一世,哪来那么多故事?把白开水似的一生过得有滋有味,那才叫作本事。

我读这个小说,最感兴趣的是其中文字游戏的部分。它们极巧。苏东坡有一日收到一篇长歌,共一百三十对字:"野野鸟鸟啼啼时时有有思思春春气气桃桃花花发发满满枝枝……"苏大学士莫能解,秦观也不能,小妹拿过,一目了然,随口诵出:

"野鸟啼,野鸟啼时时有思。有思春气桃花发,春气桃花发满枝……"——哦,哦哦哦。她这么一念,念得花儿都开了鸟儿也叫了,满室皆春气矣!

苏东坡已是世间绝顶聪明人,谁知他妹妹更在他头顶上。他两兄妹互相嘲戏对方貌丑,话传到秦观耳中,他想"额颅凸出,眼睛凹进,不知是何等鬼脸",就打算先去窥看清楚。秦观窥看到的小妹容貌甚合我们对才女的想象:"虽不是妖娆美丽,却也清雅幽闲,全无俗韵。"可见秦观和小说作者也是同样审美观,苏小妹倘不长这个模样,她怎么跟其他千般美貌万种妖娆的女子区别开来。她长得应该是说不上漂亮,但十分顺眼舒服的,追求漂亮的人与她无缘,已被自动摒弃。她那股子清雅气韵,恰好是秦观隔着距离只一眼就能看准、看中的,她就将会是他的、他的妻子。他们俩在一起生活了多少年?不知道,唱和的诗词有数,相聚的日子无数。两情若是久长时,又岂在朝朝暮暮,他写下这首词的时候,她还在他身边;后来,她先走了。他思念她,终身不复娶,空着那个位置,永远是她的。真实出现过的情景不断在幻境中重现——她回过头来,对他微笑,仍是当年模样。

《苏小妹三难新郎》有过连环画版本,但它不是根据这小说,而是根据电视剧改编的,也沿用了电视剧的题目:《鹊桥

36 倩儿笑道:"原来是小姐借诗倾诉衷肠。姑爷高才,一眼就看穿了!"转身将诗笺从窗缝中递入:"新郎交卷,第一场完!"室内苏小妹接过,微微而笑。

38 倩儿取出第三题说:"小姐出一上联,请姑爷对下联,对的工整,就可饮美酒进洞房了!"少游笑道:"我五岁就会对句,这有何难?看我提笔立就!"他读那上联:"闭门推出窗前月",举笔要写,但停了下来。

《鹊桥仙》,根据霍达同名电视剧,鲁俪改编,于水、吴声绘,《连环画报》1983年第1期发表。

仙》。题目无可挑剔,但电视剧毕竟要求较强烈的情节,不能光靠文人趣味支撑,所以故事添了波折:曾求婚遭拒的某人,从中设计,挑拨作梗,造成了小妹对少游的"傲慢与偏见";最终误会消除,花好月圆。故事圆了,也俗气了,我宁可秦观就是仅凭一卷文章被她相中的,金风玉露一相逢,已胜却人间无数。"可惜二苏同时,不然横行一世。"——她给他多高的评价!天下才气共十斗,九斗在她家,再把这秦观纳进门,又去半斗了,只剩下半斗给天下人共有。而前面也是因文章被她拒绝的某人,也绝非庸才,小妹也曾赞叹:"好文字!此必聪明才子所作。但秀气泄尽,华而不实,恐非久长之器。"她给这位才子的评语是这样写的:"新奇藻丽,是其所长;含蓄雍容,是其所短。取巍科则有余,享大年则不足。"果然,此人十九岁就中了状元,未几夭亡。她竟能从文章里看出人的寿数。——这才是苏小妹最神奇的地方,才女的魅力应该是在这里,而不在她的生活里有多少故事。同时,这段插曲也是她看中秦观的一个绝好映衬:她拒绝的人与相中的人,都无比正确,而且都是没看到本人,只见到文章。文章能反映文章之外的东西,慧眼可识。神仙眷属,是要在人间做的,她挑中了秦少游,与她共享年华。

"三难新郎"是故事的高潮部分。秦观大登科后小登科,一日之内又中榜又大婚,朝廷出的题不难,新娘出的题才难,他险些儿被关在了洞房外头。"闭门推出窗前月",要对句。他踌躇起来。"看似容易,其实出得尽巧。若对得平常,不见本事。"巧在什么地方?我小时候没看懂,大了也还朦胧。这是需要点拨的,一日,我在书上看到了:"'闭门推出窗前月',是把新娘面对洞房花烛夜的心理含蓄优雅地表达了出来。"哦,原来如此!不可言传,只可意会——花烛高照,新娘蒙着盖头,静坐床沿,等待新郎进门,挑起盖头……满目艳红。她想到了些什么?这题材无比微妙,难度极大,而苏小妹的这七个字的确含蓄优雅,尽得风流,真不愧才女手笔。女子最幽微的心事,在古代,有谁敢写?只有这个苏东坡的妹妹吧。秦观当然是看懂了,可是,他对不出。对不出字词意思都对等的下句。还得倚仗他的大舅苏东坡来解围,暗地投块石头到水里。新姑爷豁然开朗——

"投石冲开水底天!"

房门应声开了。小妹端坐房内,她蒙了盖头,看不见她的神情。她是听见了,才让丫鬟开的门。我来替她判断——对得不差,可以开门。可是这下句失之直露,比起巧妙含蓄、引人遐思的上句来,才气是逊了一筹的。

2008年11月26—28日;12月9日

# 好一朵带刺的玫瑰花

《红楼梦》中堪称"艳异"的女子,除尤三姐外无二;堪称"艳异"的男子,也非柳湘莲莫属。他两个都是又艳又异,天生绝配,但不能成双,一双,就消解了艳异。

尤氏姐妹是贾珍之妻的继母与其前夫所生的女儿,拐了几道弯的关系,隔绝了血缘,血统上估计也较接近草根,所以一个尤三姐见情见性,行事做人都带些野味儿。贾珍贾琏最欢迎这种亲戚,说起来是姐妹,趁机胡混。胡混到什么程度?谁知道呢,你只看贾琏拣二姐吃剩的槟榔吃,二姐嚼一嘴砂仁渣吐贾蓉一脸,蓉哥儿还用舌头舔着吃光,也就略知一二了罢。不过这是二姐,三姐呢?这个问题,我最佩服聂绀弩先生的分析。他说,不同版本,有两个尤三姐,洁白的和曾遭污染的。洁白女子被人误会,以自尽来证明自己的洁白,这是误会,不是真正的悲剧;而曾经失足的女子不被原谅,除了自尽无别路可走,这才是悲剧,才是曹雪芹手笔。

聂绀弩写道:"一个女孩子的心,有多少美丽的幻想,是很难测度的。"我读时眼泪冲出——竟有这样体贴的男子吗,须知他这句话,是解释尤三姐跟贾珍之流的不名誉的过去的。"她是个心有所爱的人。在那时代,心有所爱是件无可告语的事,她自己无法和她的所爱接触,无法向他剖白心情,到了珍、蓉之流来诱惑她时,她觉悟到心有所爱,对于她是太奢侈了,丢掉那奢念吧,只要能被爱也就够了……怎知刚一'被爱',立刻觉察到这不是被爱而是被欺骗、被亵玩、被践踏!"唯其有种经历,有了这种经历之后的成长,三姐与珍、琏夜饮的那一段才特别回肠荡气,她的声讨,是恨、怒、歌、哭的混响,设若她仍是个洁白女子,声部会单弱好几重。

我小时候,戏曲电影连环画《尤三姐》很常见,小人书摊上都有。这部电影可看作戏曲电影《红楼梦》的一个补充,我就是从这本连环画认识的尤三姐:封面上,她盛妆敛容,怀抱宝剑,一个端肃的亮相。她的扮演者是著名京剧花旦童芷苓,享有"梅神、荀韵、程腔、尚骨"之盛誉。戏曲电影源自戏台,戏台的局限,反而造就了表现手法的高度凝炼,看,已经嫁给贾琏、在花枝巷安家的尤二姐,晚间正对镜梳妆,而贾珍潜入,悄悄走到她背后——他想干什么,这个鬼祟的举动已将他心里的欲念昭然图解。二姐吓得逃到三姐房里，贾珍跟到门口，恰在此时贾琏回来，误认贾珍意在三姐——戏本这样改编，衔接很好，也紧凑，只是修剪了珍、琏辈无耻的边沿，好像盗亦有道，尚有个界限。《尤三姐》这部电影拍摄于1963年，以当时中国的道德风尚，将贾府内部的淫乱暴露到这个程度已经足够，再多人们接受不了。所以这部电影里的尤三姐，必然是甲辰本中的洁白女子，出污泥而不染。

在原著里，尤三姐与柳湘莲只在最后才说了一句话，之前只是她心里想他，他毫不知情。而在戏曲中，生旦之间没对手戏不成，所以一开始他俩就曾在花园相遇，有过叙谈，彼此都有知音之感。柳湘莲萍踪浪迹，本是个没着落的人，后来贾琏在路上遇到他，做媒出乎意料地顺利，书中有一句交代很对："只不说三姐自择之语。"贾琏惯于在外走动，这点世故他是懂的，尤其婚恋之事，是双方的心理博弈，你先钟意他他就傲了，何况后来柳湘莲也说了，哪有女方反赶着男方的？戏曲为了生旦圆满，在说媒一节中加了对白。柳湘莲说："只怕此媒难以作成，小弟心上早有了一位知己，小弟曾发过誓愿，非此女不娶。"贾琏哎呀一声说："这倒巧得很，愚兄所提之人，也说过非你不嫁啊！"确实圆满，世间竟有这等美事，可美到这样程度，就叫人担心了。果然，尤三姐望穿秋水，把柳湘莲终于等来他却是来退婚了。是何道理?非让他说,他就要跟贾琏到外边去谈。不要让他说出什么来!他心里想些什么,三姐隔着窗户也完全透亮,他若说了出来,自己"岂不无趣"——书中这四个字,点到即止,世事洞明,多一个字也嫌多。尤三姐是何等样女子,就这一瞬间已经做了决定,把剑拿出来还他,同时自己也要像她曾击断来立誓的玉簪了。

并没有,像戏里这样的对话:

——听你之言,分明把我当作下贱之人。我虽身居肮脏之地,却还是清白之身。

——身居肮脏之地,就难说清白二字。

——柳公子,我虽然寄居在荣宁二府,难道你就不知清者自清,浊者自浊吗?

——清者自清,浊者自浊,谁不知荣宁二府只有门前那对石狮子才算得干净!

不论什么时代,让一个女孩子做这样的辩白,都太难堪了;柳湘莲那句石狮子的名言,本来是对贾宝玉说的,却移植来这里,等于当面辱骂三姐。心都给了他,却赚来这句骂,三姐不死也得死了,戏份足,情理合,却比原著中少了寻死的主动,也就少了驾驭事态的主动性。还是书里的尤三姐做得绝:再是心里怎么想他,也不跟他辩白一句。"还你的定礼,"从头至尾她就跟他说了这一句话,随即就自刎,让他也透亮去,让他悔死去。柳湘莲这才是第一次见到她呢!"原来这样标致,又这等刚烈",可不是你自己要退婚的吗?

哎,三姐这个姑娘,真是像一朵玫瑰花,带刺的!

戏曲电影是戏曲与电影的璧合。比起戏台上的演出,它具有拍摄上的优越性,引入了电影手段,可以将幻象具体化。尤三姐数年来不抱希望的幻想,在得到柳湘莲的赠剑后具体可视,每个观众都能看见了:幸福中的她对镜端详自己,柳湘莲也出现在镜中,与她相视而笑。他俩携手走出房,踏着月色散步。他就是五年前她初次见到、从此魂牵梦绕的,戏台上的英雄、现实中的理想。她终于可以倚靠在他身上……可是,一靠上去,梦就碎了,千百年来女人的梦境,都以不同的方式百变归一地破碎。

2009 年 1 月 8—9 日

# 一娘生九子

老杨业其实只有一个儿子,就是杨延昭。在《杨家将》里他有了八个,从大郎到八郎,加上八姐、九妹。人说"一娘生九子,连娘十条心",杨家人可从来都是一条心。但老令公并不多子多福。他的儿子,不是死去就是失去,孙儿也死去,重孙也死去,他自己当然也死去,他一门十二个寡妇,去征西。佘太君是他家的一杆不倒的红旗。

我不太喜欢《杨家将》,因其故事陈腐、愚忠,杨家老拿爱国说事,其实没把爱国和忠君分清。君却是个昏君,到底为什么他永远都偏向潘仁美,就因为潘是他的老丈人?是非正义不指望他了,有时候性命攸关,他也当儿戏?简直弱智,真是悲哀,杨家一门英烈,几代人陪着昏君和奸臣耗,血海深仇。如果不是从小就看熟了,我现在完全看不下去。

《杨家将》是被张令涛、胡若佛搭救了。他俩位列上世纪五六十年代连坛"一百单八将"之中,《杨家将》可视为他们的代表作。画中人物,何止形神兼备,足可谓"须眉皆动"矣!对这套书的评价,"无一处败笔"稍嫌过誉,"无一丝匠气"是完全当得起的,一套五册本,每册上百幅,要保持一个高水准且避免匠气真是需要功力和毅力——谁能够总在悬崖边上走路?放着好走的路不走,悬崖边上有风景啊。拍摄电视剧《西游记》的时候,《西》剧组在九寨沟遇见大瀑布,在那瀑布的顶上跋涉该多绝。师徒四人牵马挑担颤颤巍巍地走上去,摄影师大喊:"再往外点!再往外点!"再往外,他们就该顺流直下了。

杨令公那么多儿子,安排起来必须详略得当,否则就挤,彼此消解。大郎二郎三郎,连名字都不熟悉;四郎五郎有经历,好歹让人记住了;予人印象最深刻的,还是六郎七郎。从数字给人的感觉来看,七郎应是一英俊潇洒之郎,至少我是这么想,我喜欢"七",它有种风致。可是七郎不英俊,脾气也暴烈,一表人材的是六郎。然而六郎为人沉稳成熟,就欠了倜傥,他还有个稳妥的妻子在家里。外形与性格的配搭,好像设计得不是太到位,也许《杨家将》产生的年代比较纯朴,搁现在的电视剧里,那些少年杨家将们一个赛一个地多情风流潇洒,汇聚了各种类型的好男型男快男超男。扯回来说,张、胡二画家设计的人物形象,是给七郎戴上了束发紫金冠。这最独特的装束委实应该给他,看来他俩对"七"的感觉跟我类似,"七"是特立独行的。这么多郎,该有一位头戴束发金冠,底下长发纷飞,完成一份儿倜傥。七郎纵然不英俊,却不失男儿英武,气概飞扬——那么,就给他这个形象吧。

在《双龙会》中,杨令公的八个儿子齐出马,替主赴会。八个儿子出去,只回来两个——足以让老令公从马背上栽下来。

大郎与宋朝皇帝面貌相似,于是化装成他,替皇帝赴辽国邀约的不怀好意的双龙会。他饮下毒酒。临死前他甩出袖箭,正中辽国天庆王咽喉。

《杨家将之三:双龙会》,赵建明改编,张令涛、胡若佛绘,人民美术出版社1959年版。

二郎扮作八贤王，也饮下毒酒。他向辽国大臣扑去，倒在中央。

三郎率先冲出，却马陷淤泥河，被乱箭穿身。

四郎中了芦苇丛中埋伏，他的马被长钩套索绊倒，他被活捉。辽国把他招为女婿了。好像辽国对宋国的优秀分子其实是充满了爱意的，不敌视不加害，愿与他结为一家亲。只不知四郎怎样想？他娶了辽国的公主。现在他前途未卜，他家人不知道他是死了还是活着。

五郎逃出，后有追兵。他在树林中，脱掉战袍，丢弃头盔，割去头发——从此他就永远割去了头发，他出家了。五郎是使斧子的，好像使斧头的人跟佛经常有缘，像鲁智深，谁知道他使的是斧头还是禅杖。

六郎命长，他不会死。处世中庸是能保身的，性格决定命运。七郎勇猛，亦可冲出重围，而他这次逃出，是为了下次死得更惨。

八郎不见了。本来"八郎"就很奇怪，既然有八姐，怎么又"八郎"呢？应该是"十郎"？书中没交代清楚，趁此机会干脆说他不见了。

六郎七郎杀出重围回到幽州城，见城上红旗未降，不敢进城——临行时说定，皇上撤退了便降旗，旗不降落，杨家将不

守城士兵回答:"元帅有令,他在东门等你,叫你杀退东门辽兵再进城。"七郎无奈,只好去东门。他边走边想,老贼一定是因为我打死了他的儿子,想趁这机会害我吧!

得回城。他俩只好又杀回去。原来是潘仁美临走时交代了:不要把红旗降下。等七郎见到潘美——咳,此贼竟然叫潘美,字仁美——举枪便刺,当然又是皇帝来劝解:"一定是小军听错话了……"

张、胡二人的合作,是定好构图后,由张令涛起草人物造型,胡若佛进行勾线。张令涛自负,他作的底稿只有胡给他勾,因胡的勾线功夫在当时的上美社无人能敌。有人发现,"一切帝王将相和英俊才子都是张令涛画的,一切妖魔鬼怪和美丽佳人都是胡若佛画的",那么,潘仁美以及他的儿子们——他的仨儿子叫龙、虎、豹,动物的名字,还有他的家将家丁,肯定都是胡若佛画的,他们一个个都长得活像妖魔鬼怪。

**2008 年 8 月 7—8 日**

# 若 佛

这本《智审潘仁美》一翻开,我就惊服了。它是一套五本中画得最好的一本吧?一转念,我明白过来,我知道《杨家将》有个版次问题,有的版次印刷不行,像我从天津买回来的《李陵碑》就很差,许多线条都断裂了,不断裂的也失了笔锋。印刷原来如此关键! 就像有文友调侃的,"评论家不长眼,美编是色盲",世上这类抓瞎的事多了。

连带我都怠慢了张令涛、胡若佛。我以家中的《双龙会》、《李陵碑》为依据写下的《一娘生九子》,显得轻佻。那两本的内容已经够悲情,可是线条被模糊了。看这本《智审潘仁美》吧,那满朝文武眼中的悲泪,如在目前。比指甲盖还小得多的人脸,眉眼的细微表情带动了眉眼周围的线条,一根一根都给画了出来,神情便传达得栩栩欲活。难怪人赞曰"须眉皆动"! 千姿百态的人物,采用的是古代行乐图的画法,不惜工本,精致得无以复加。人物的身段手势,行云流水一般流畅,又蕴含力度,是戏曲程式的高度提炼,给画家心领神会地吸取了来。古人比今人有风度,举止有礼有节,宽袍大袖的服装能帮助表现心情和态度,它们是心情的具象,态度的图形。佘太君夫死子亡,她一身孝衣地在家中吊孝,突然来了一人,破衣裹身,面容遭毁——这个她已不认得的人原来是被潘仁美残害的六郎,逃生回来见母亲。她晕厥倒地,向后倒,右臂无力垂下,左手带着水袖向上扬起——在人事不省的时候其风度也具有造型美。

演员要体会人物的感情,画家也要吧。《杨家将》到了这最后一册,冤愤悲愤仍在积聚,到了要爆炸的顶点。杨家父子,十损其九,老令公身陷绝境,撞碑殉国;逃出求救的七郎被潘仁美害死。后一步杀出重围的六郎,奔回大营请求发兵救援,而他被潘仁美喂下毒酒、剥去衣服、背剪双手、剃掉头发、毒液染脸,再叫人把他背到辽国边境杀死——多么令人发指的手段啊,我年幼时看这一段,已经惊骇颤抖。松林中,大难不死的六郎从昏迷中醒来,渐渐忆起前事,他想呼喊,却发不出声音,原来给他喝的酒里下了哑药。他奔到泉水边,俯身饮水,在水中照见自己的影子:他已变成面目可憎的怪物。六郎,身处绝地,"心肺碎裂"。"心肺碎裂"怎么画?画它绝不比演它容易,没有体验,没有同情的画家,无法画出当时六郎的脸。

22. 六郎迷迷糊糊奔到松林外面，找到一股泉水，想喝一口润润喉咙，没想到从水面上看见自己已变成短发花脸的怪物。

张令涛、胡若佛是老搭档。他俩的长相风格很不同，张是粗线条，笑嘻嘻的；胡长得很有特点，线条十分饱满、工整，神情沉郁。恰好跟他俩的分工暗合：张是定构图的，胡是勾线的。胡若佛那一手"铁线游丝描"的工笔，那叫绝活！连友们投票讨论张胡二人谁的贡献大，胡的得票远高于张。是他把张的构想具体成图画的。画画这桩曼妙的活儿，以它谋生就不见得曼妙，在抗战年代，胡若佛每天"从清晨鸟叫画到深夜鬼叫，恨自己不当一名饿不死的医生，坚决不准子女走职业画家的道路"(董桥语)。

《杨家将之五:智审潘仁美》,赵建明改编,张令涛、胡若佛绘,人民美术出版社1981年版。

生计难,家累重,他也画了些精致之极的春宫图,前几年在香港,他的八开《金瓶梅》册页卖了二十多万港币,不晓得谁得了利。不唱高调的胡若佛,没进过画界殿堂,而殿堂画师们,敢跟他比画功么?他活了七十多岁,1980年去世——历经了文革,当然是受尽折磨。

张令涛、胡若佛、赵宏本、钱笑呆、刘继卣……这些可爱的老头儿们都不在了。人生一世,看你以什么样的方式入世,入得越深,你就越不白活。胡若佛,他画过《杨家将》,画过《金瓶梅》,

画过《西游记》、《聊斋》、《蔡文姬》,可谓上天入地,人间、神界、魔道、地狱,他都走过几遭。拿着他的画笔,他不白活。什么都了悟于心,他便成了佛。

2008 年 8 月 20—21 日

# 杨康的一种假定

《双枪陆文龙》是《岳传》中艳异的一本,我很喜欢看它。艳异,因它情节奇特,人物也相对独立,就好比"红楼二尤"之于《红楼》。陆文龙的番邦打扮也增加这种艳异之感:他的头盔下,两鬓边,垂下两条貂皮辫子。这是金人标志性的装饰,他们与同在大漠中生存的动物是如此唇齿相依。

《岳传》连环画全套十五册,绘画水准较为整齐,风格似乎也经过了统一,但依然有高下之分。《双枪陆文龙》这册画得非常俊逸。开篇第一幅是陆文龙的亮相特写:他长眉秀目,鼻直口方,双枪在握,姿态英武。盔甲的式样与纹样,精雕细琢,华贵之气凸显。不止他这一主角,本册中所有人物都很俊逸,各有其气质,风度美好。与陆文龙境遇相似的另一员小将曹宁,也是惊艳出场,是另一个大帅哥,他的手段比陆文龙更猛。《岳传》里的帅哥真多,希望电视剧别来糟蹋。

1 这部连环画的第三集讲过:金邦初次进攻中原,潞安州守将陆登抵抗到最后,自杀殉难。金兀术把他的遗孤陆文龙收为义子送往金邦抚养。现在陆文龙十六岁了。

《岳传之十三:双枪陆文龙》,根据《说岳全传》,朱光玉绘,人民美术出版社1980年版。

二十年前看《射雕》,杨康就让我想起陆文龙。他俩的父亲也恰好对应:完颜洪烈与金兀术。金庸先生写《射雕》,是不是受过这两位原型的启发呢。金兀术是个可爱人物。"那兀术虽然生长番邦,酷好南朝书史,最喜南朝人物,常常在宫中学穿南朝衣服,因此老狼主甚不欢喜他。"老狼主不欢喜他也得倚仗他,他是金国最得力的人,也是最有见识的人。他还是个性情中人,最敬重宋朝的忠臣,常常天真地问他的军师哈迷蚩:"这个人,是忠臣还是奸臣?"是奸臣,杀!是忠臣,要!要不过来也帮他做点事,比如让他攻城时吃了大亏的"小诸葛"陆登,城破自刎,金兀术就把他的儿子陆文龙抱走代为抚养了。他甚至没给他改姓,陆文龙也就称他为父王。金兀术从来不好女色,不知道为甚么早些年他碰到流落番邦的秦桧的老婆却突然动念,跟她有了一腿。《说岳全传》这么写,大概为了寒碜一下秦桧,把他当汉奸的前因铺陈一下——他就这样与金兀术建立起了亲人般的联系。金兀术尽管可爱,却有点漫画式,完颜洪烈则完全是个人了,大奸大恶的背景下,他的感情细腻而深沉,复杂而执着。他见过的女人可不会少,为什么偏偏对一个宋国的已婚妇人如此痴情呢?她腹中还怀着别人的孩子,他不管,硬是把她带回金国,出尽水磨工夫使她成为了他的妻。生下的孩子,就是杨康,完颜洪烈把他当作他的,叫他完颜康,让他过小王爷的日子。

杨康长到十八岁,他的母亲突然指着一个穷困落魄的陌生异乡男子告诉他,这才是他的父亲,让他跟他们去宋国的一个小乡村做普通百姓——他会肯吗?

陆文龙长到十六岁,正是金兀术的得力干将,所向披靡,此时一个从岳飞那边投奔过来的断臂男人告诉他,他其实是汉人之后——他会怎样?

杨康至死也没肯。所有人都指责他,贪恋荣华富贵,丧尽天

4 陆文龙年少气盛，当天就要出阵，兀术叮嘱再三，才让他领兵前往。

良……没人替他想过，金国的王宫是他自小生长的土壤，完颜洪烈就是他的父王，他的根在那儿，他挣不脱。

陆文龙倒是飞快觉悟，临阵倒戈。本来，他根本不知他另有父母，连虚幻的影子都不曾有过，但他马上停止"认贼作父"，作计投至岳飞帐下。本来他何其理直气壮地抢夺宋家土地，斩杀宋国子民，转眼间他就站在另一立场，要光复国土誓杀金狗了。他才摘去不久的貂皮辫子，还残留着些微的腥膻气息在他身上，他能忘了么？他这十六年是怎么长大的，羊肉、羊奶，他不知吃了喝了多少，那一身的武艺，又是谁教他的？他认贼作父了吗？养育他十多年的金兀术难道不是他的父亲吗？

《双枪陆文龙》中，不见陆文龙有丝毫的内心冲突。做事比他更斩截的曹宁倒是遭遇到了——他先一步投到宋营，仍在番营的其父赶来追缴，他当阵骂父无耻卖国，并弑之。他抬了其父的尸首回营缴令，素重伦常的岳飞大惊失色，不再敢收容他，他无路可走，只得自尽。

如果内心逼仄，陆文龙就会是曹宁。内心阔大，杨康也许会是陆文龙。假如杨康成功地成为陆文龙，他会修成正果，但他的人性却失败了。

2008年8月29日

# 小商河界

雪里花南、雪里花北、雪里花西、雪里花东,金国人的名字都这么可爱。还有完颜阿骨打、金兀术之类,听上去毫无意义,可是甚合音韵,写出来的字也酷得厉害。雪里花南北西东是一母同胞的兄弟四个。他们的娘怎么预先就知道会生四个凶猛儿子出来,刚好凑成一组,齐力当上金兀术的四员先锋。

南,使铁门栓;北,使大铁叉;东,使混铁刀;西,使狼牙棒。全是力量型兵器,北地生长的金人个个都是大力士。汉人把周边的少数民族都看作野蛮的族群,而在金人眼中,汉人也是"南蛮",连儒雅的岳飞都被他们唤作"岳南蛮"。咱们南人,也向来不缺刚勇之士,如雪里花南北西东不幸遇见的杨再兴。杨再兴是杨令公后人。北宋的杨家不知何时式微的,延续到南宋,重振家邦的人,就叫"再兴"。

杨再兴在《岳传》中出现的节奏很耐人寻味。早年,岳飞在图出身的时候,他曾现身一次,与岳飞在小校场中交过一手,留下了"今科状元必是此人"的断语。若干年后再见,岳飞是抗金主帅,杨再兴是义军首领,彼此敬重,杨终为岳所收复。按照大家的愿望,杨是从此走上了正道,理应多多为朝廷效力,以成正果。然而他效力的时间太短——《岳传》中的《杨再兴》与《小商河》是相连的两本,才归顺没多久的杨再兴没越过小商河界。勇冠三军、战无不克的虎将,为什么总是碰上一条淤泥河呢,罗成如是,杨再兴也如是。

雪里花南北西东错落有致,富有节奏地殒命于杨之手。你注意到了么,天气也是有节奏的,紧点,松点,跟际遇和心情配合。杨再兴行军的时候,是严寒天气,北风怒吼,大雪飘飘,遮盖了小商河道。他杀了东西南北四将,听见逃跑的金兵纷纷攘攘喊叫四太子来了,就催马上前,想活捉金兀术。他跃进了小商河。他被齐发的乱箭射死,死不瞑目,挺立在河中多日——他原本最痛恨放暗箭的人,暗箭果然就是他潜意识里自知的死果。

而援兵到达时,雪后天晴了。岳云,拍马摇锤,趁着月光,奔往金营。随后,严成方、何元庆、余化龙、罗延庆等人各自带队跟上,这场打斗的大戏给画家设了难题:既要表现这几员猛将"如入无人之境"、"谁也近身不得",又要表现众金兵"依靠人多,层层包围"和"自相践踏,军心大乱"。纵观这一节的十多幅连环

21 再说金邦四员先锋雪里花南、雪里花北、雪里花东、雪里花西，本是同胞兄弟，都有万夫不当之勇。

《岳传之十二：小商河》，根据《说岳全传》，杨青华、杨久华绘，人民美术出版社1983年版。

图，每幅都截然不同，各自有场景、氛围、重点、视角，真让人喝彩！他们杀了一昼夜，"杀完一层又是一层"，画家没昏，读者没昏，而几员猛将中有一个人昏了——严成方。众将突破重围，岳云没见到严成方，就折返去找，只见他仍在乱军中混战。岳云赶到他面前招呼他同走，他不回答，举锤便打，岳云才知他已经杀昏了。赶来的众兄弟将他扯住、拖住、架住、抱住，共同挟持簇拥着他，杀出一条道路而去。

故事的节奏继续逶迤而行。杨再兴下葬了，众将痛哭过了。

金兀术烦恼了,想起了内奸秦桧。新的亮点产生,他是新科状元张九成。他是抗金派,权重当朝的秦桧设计暗算他,保举他到岳飞军中,文官授武官职。张九成尽管诧异,但因胸怀宽大,依然高兴地投奔岳飞。正叙谈间,圣旨到,命张九成速往金国问候被虏获多年的二帝——须从千军万马的番营穿过。众将激愤,而张九成神色镇定。此时,已过壮年、武艺平常的汤怀自愿做伴,陪张九成冲过番营——他分明是以命相替,岳飞落了泪,为这自小结义的兄弟。像张九成这表人物,就会碰上性情中人金兀术。金兀术赞叹:中原竟有这等忠臣!于是派一员平章、五十金兵相送,号令传下,五营八哨的金兵向两下分开,让出一条大路。他们望着这个仪表大方、神态自若的少年钦差,人人喝彩,金兀术也不住口地称赞。张九成与汤怀穿营而过。独自折返的汤怀,将踏上被围攻的死路。

2008 年 8 月 22—23 日

# 美哉关羽

神都是人做的,关羽就是神。后朝皇室奉他为"关圣帝君",佛教尊他为"伽蓝菩萨",民间口语中,统一称他为关公。有华人的地方,就有关帝庙,无论考究还是潦草;碰到了,就该进去磕个头,如唐三藏所言:"遇佛拜佛,见塔扫塔",一份心是尽到了。我对关羽感兴趣,对他的生平事迹却不很熟悉,这该打。温酒斩华雄、三英战吕布、斩颜良、诛文丑、挂印封金、千里走单骑、过五关斩六将、华容道、单刀赴会、水淹七军,这些精彩纷呈的故事单元我该去详览《三国演义》。《三国演义》我为什么读不进去?其间有太多的权谋心术吧,就像大片的乌云蔽日,我的心机不够理解它。或许可以弄套连环画来帮忙——小孩子都能懂的,何况我?而且我自己,隔了这么些年,对自己的看法也不宜刻舟求剑。说不定我已经变成个工于心计的女人了呢?谁知道。如果是,那该是写文章训练的结果,我从中悟出了一种用兵之道。

那年在天津文化街,我淘到本《走麦城》。前尘旧事来不及看,先看英雄的末路。关羽也会阵亡么?甚至不是阵亡,而是被俘、斩首?谁敢斩关羽的首。他是武圣,是人间天神。然而——将军唯其阵中亡,才能成神成圣,关羽圆满了。

比起拍电影之类,绘画原本拥有更大的自由度。演员难找,但画家的想象力是不受羁绊的。上世纪八十年代初,激烈反对拍摄电视剧《红楼梦》的剧作家吴祖光的理由是,贾宝玉这个人物在现实中找不着。当时我没有懂得他的话,后来才理解了:不是说找不出这个演员来,而是贾宝玉这个人物只能在小说中存在,放到贴近生活的电视剧里面,这个人物很难成立,甚至美感都会打折扣。但吴祖光看了拍出来的电视剧也改了口。影视作为一种艺术形式,长项在于综合,加上立体。而绘画,在于随心所欲——把你心中的图画出来!把你心中的关羽画出来。关羽是个什么模样:"身长九尺,髯长二尺;面如重枣,唇若涂脂;丹凤眼,卧蚕眉:相貌堂堂,威风凛凛。"他的形象经千百年流传已经固定,连乡间泥匠帮着修个村庙,捏塑出来的关公像也大致是这个谱。画《走麦城》的严绍唐先生是名家,我觉得他画的关羽有点太实,太固定,虽然准确——没法更准确了,老一辈画家的功力在这一点上是无可挑剔的,画面也变化多姿,人说"严绍唐先生的画面永远不雷同",这对连环画家来说可是盛誉。也

《三国演义之十七：千里走单骑》，吴其柔、田衣改编，陈光镒绘，上海人民美术出版社1979年版。

许该去找找陈光镒先生的《千里走单骑》来作个对照。据说这《三国演义》连环画的第十七册是陈的巅峰之作，其他作品的关公形象无一可出其右。上网搜到了扫描图片，果然，陈光镒的关羽丰神夺人，伟岸与飘逸兼具，真是世间奇男子，动如脱兔坐如山。

1990年，央视筹拍《三国演义》，不知通过何种途径到西安找到个"大陆"：陆树铭。陆当时不在家，在外地拍戏，西安下大雨，他回家关窗，到家发现窗户好好的，门上有张字条。他当即冒雨骑车赶到饭店,浑身湿透,要见他的人一见他,抓起电话就给北京打长途:"找到了……百分之八九十吧,如果这个再不行,恐怕在咱们国家不大好找了……"陆树铭上了妆,一眯眼,扶须——那一刻,关羽附身,关羽复生。

旧时的戏台,上演关公戏时有许多规矩。如扮演关羽的演员在演出前十天要斋戒独宿,熏沐净身;出场前,要给关帝像烧香叩头,在后台杀鸡拜祭;如果演的是《走麦城》,更要台上台下烧檀香、点蜡烛。据说如果违犯禁律,关帝就会显灵,演员要出事故,戏园要出乱子。《三国演义》剧组拍"败走麦城"那场戏是在承德的雪山上。陆树铭化好妆,对制片主任说:"请把香拿来。"香点上了,他在雪地里跪倒,对着苍茫的大地说道:"关老爷,今天我们拍你败走麦城的戏,我用生命担保,一定拍好。"言罢,他站起转身,发现剧组所有的人全跪在他的身后。

"……山路越走越窄,关羽却不敢停留,带着十余骑,急急忙忙赶路。走不多久,背后关平赶来,说赵累已死在乱军之中,关羽更加悲惶。"

"关羽令关平断后,自己在前开路,五更时候,走到决口地方。那地方两边是山,山边尽是芦苇败草,一阵风来,吹得瑟瑟发响……"

"正走间,一声喊起,两下伏兵尽出。关羽大叫:'让路!'纵

上了岸,关羽想到:这次经过五处关隘,斩了六员曹将,实在是不得已的事情,曹操知道了,还以为我是个忘恩负义的人哩。想到这里,不由长叹了一声。

马往前猛冲;哪知芦苇中伸出无数长钩套索,把关羽坐马绊倒。关羽翻身落马。"

芦苇。从没见过芦苇会长得这么高,比坐在马上的关羽还高,它们肯定是成了妖。芦苇是败草,头重脚轻根底浅,却管自招摇。掩藏了伏兵的它们遍布两边,中间空出一条窄路来,容关羽一马走过。关羽虽心境悲惶,姿态仍端重,他一手握缰绳,一手提青龙偃月刀,骑着赤兔马走向败途。

2008 年 7 月 6 日

## 辑六 隋唐系列

# 楔　子

如莲居士写的《说唐》,我是太熟了。张爱玲看不同版本的《红楼梦》,"眼生点的字自会跳出来",这部她最亲昵的书里的文字在她眼中已形成了编码。我虽不至此,也接近是个搜索引擎,翻开一页,若心里想的是"罗成",那么这一页中所有的"罗成"就自动往我眼里跳,"叔宝"、"咬金"、"雄信"亦然。我晓得他们在每一页的所作所为,也洞悉整部情节中的一切犄角旮旯。一个人得有点绝活儿,闲来无事抖两手耍耍。它也是个去处,仿佛仙人古洞,有时候可以躲进去,外界一概不理。

《说唐》比不得《三国》、《水浒》,它从来只是个玩意儿。它文字粗糙。所有的人,表情都只有两种:"大喜",或"大怒",只有罗成曾经有一次"微微一笑"。奇怪的是,用笔这么粗的一部书,它塑造的人物居然个个成功,个个可爱,流传广远,深入民间。它就是无数民间说唱艺人集体创作的结果,经过了口口相传、代代修改,最终才形成被如莲居士写出来的这个版本。模仿的痕迹存在,有些地方它像《三国》,有些地方它像《水浒》,可是仍然有了自己的样子,它是《说唐》。秦琼像宋江么?伍云召像赵云么?宇文成都是不是相当于吕布?是都有点儿,但又变了,他们自己的形象都立起来了,并且颇得人缘。连张爱玲都说:"我喜欢隋末唐初时候,那是个兴兴轰轰橙红色的年代。"《说岳全传》里有一段有意思的情节,牛皋,在他还是个愣头青的时候,有一天在东京的大街上闲逛,糊里糊涂跟着两个不认识的年轻人走进大相国寺的书场听书,里头正开讲"锁五龙":"秦王李世民在枷锁山赴五龙会,内有一员大将,天下数他是第七条好汉,姓罗名成……"——很有趣,连岳飞他们都听这个。隋唐的这一段故事的确很适合进书场,它热闹、传奇、跟人亲近,同时不承载太深重的现实悲哀。

我小时候看《说唐》,看的是连环画。对于这个题材而言,连环画是一种完美的形式,并且它适逢其时,恰好把幼年的我占领。我一辈子都会爱这些小人书的,我想象中的人,由不同的画家帮忙捏塑。我就从图画说起吧。

# 南阳关前

从整体上看,四川人民版《说唐》的画功一般。不知是不能还是不为,好像在风格上这套书就不打算精雕细琢。试举一例,它的主要人物在交战时均不着盔甲。是盔甲画起来太费工?还是预先商量好了人物造型,从此一套服装穿到底?秦琼早年当捕快,头戴范阳毡笠,这顶毡笠就从他初出江湖一直戴到他官封护国公,上阵时当头盔用,病倒在床上也不摘。

画得较好的只少数几册。有一册从前在我的盲区里:《南阳关》。现在翻开重看,劈面就觉出众,每一幅都很考究。绘者丁世谦,他还画了另一本《尉迟恭降唐》,比这本稍弱。这两册里的人物,都是重要而非主要,这是偏巧分派给他的,还是他自己选择的?

《南阳关》是伍云召的戏。杨广弑父篡位,称隋炀帝,命仆射伍建章代写先帝诏书,伍建章拒写,被一门抄斩。其子伍云召兵

22 却说伍建章之子云召,身长八尺,面如紫玉,力能举鼎,万夫莫敌,拥雄兵十万,镇守南阳,是隋朝第五条好汉。这天,云召带领家将,往太行山打围。

《说唐之五:南阳关》,余音改编,丁世谦绘,四川人民出版社1981年版。

镇南阳,炀帝兴兵讨伐。"却说伍建章之子云召,身长八尺,面如紫玉,力能举鼎,万夫莫敌,拥雄兵十万,镇守南阳,是隋朝第五条好汉。"伍云召亮相时,尚不知家门噩耗,正带领家将在山中打围。他右负弓,左挂箭,顶盔贯甲,器宇轩昂,一手搭檐举目瞻望,肩头还停着一只大雕振翅欲飞。——这册书是1981年出版的,当时《射雕英雄传》还没开拍哪,丁先生的想象力已经先行到达了。

连友徐海峰写了一篇《中国古代刀马线描连环画家一百零

八将》,把丁世谦位列"地角星",称其"将如磐石,马似螭龙"。名次可以商榷,但这八个字甚确,尤其《南阳关》的主要场景就是行兵、对垒及交战,南阳关前空地,任丁先生的一支笔驰骋。

古代的打仗在我们的想象中有种浪漫色彩,大概是古典小说和评书造成的印象。两军对阵,主将出马,士卒列队立于其后。主动出击的一方,要"讨战",对方听闻,主帅就在营帐中发问:"哪位将军出去会战?"然后自有一将闪出:"末将愿往!"来到阵前,互通名姓,你来我往,大战数合。在胜负未决之前,他们身后的兵卒须保持队形不动。在很多情况下,小卒们好像并不需要参与,只是列队以壮声威,观看各自的主将PK。收兵的时候,要鸣金;胜的一方,还会打得胜鼓。有时候一方连日得胜,另一方捉襟见肘,可能挂起免战牌来。胜的一方可以叫骂相激,却不可乘胜冲击,免战牌是君子国的产物。凡此种种儒雅的程式,使得打仗仿佛一种古代体育运动。刀马线描连环画完全配合这些运动规则,即便混战起来,也是兵对兵,将对将,基本格局不乱。尽管由无数个体组成,兵却没有胜负操制权,主将得胜,他带的兵就士气大振,节节进逼;主将战败,他手下的兵决无回天之力,整个就是兵败如山倒。

《南阳关》里那么多幅交战场面,每一幅都经过了精心设计,决不雷同,处处匠心,殊为不易。一个画家本不会懂得十八

麻叔谋见了,拍马上前。司马超把刀劈面砍来,麻叔谋将枪架住,两马相交,枪刀并举,大战四十回合,不分胜败。

麻叔谋暗想:我须回马一枪,方可胜他。于是虚晃一枪,回马而走,引诱司马超在后追赶。

麻叔谋见司马超渐渐走近，回马就要一挑，却不料司马超早把刀在马后砍来，忙将身一闪，跌下马去。众将上前，将他救了。

擒虎拨马就走，云召在后佯追。追出山口，隋将上前挡住，保护元帅回营。云召也不追赶，收兵而去。

般武艺,可是他笔下将官的招式、姿态都配合当时情势,谁占上风谁被动一目了然,比文字脚本还直观。麻叔谋与司马超交战,四十回合不分胜败,麻叔谋暗想,我须回马一枪方可胜他。这回马的一招在小说里很常见,基本上是谁使这个心计谁得手,《说唐》的这一节偏偏不落俗套,我们也可知爱吃小孩儿当点心的麻叔谋有多"水":他虚晃一枪,回马就跑,引诱司马超在后追赶。麻叔谋见他渐渐追近,回马就要一挑,却不料司马超早把刀在马后砍来,忙将身一闪,跌下马去,众将上前将他救了。人多手杂,画家却调度有方,他真能做到让读者不看文字脚本也明白是何局势。还有更复杂的:伍云召独战四将,枪挑其二,剑斩其余;追击途中,只听一声炮响,闪出四员将领拦住去路,又有四员大将从后面杀来,然后又有二将各带兵马从两胁而上——三幅图里居然能安插这许多人,且尚有留白造成距离和空间感。画中每个人的兵刃都自不同,每个人兵器所呈现的角度也使得画面均衡。

　　动态精彩,静态也美。征伐南阳的主帅韩擒虎与伍云召的父亲有八拜之交,故有心放云召一马。两人战至僻静处私语时,伍云召将一杆长枪横托在两个肘弯,手掌就势张开配合台词:"我大仇在身……请老伯速回去。"——风度十分完美。伍云召何等英雄,在故事中奈何时运不济,碰上丁先生却是幸事。

我记起小时候,好多男孩喜欢画古代兵马作战图。无关的情节都略去,就爱画盔甲兵器将马。伍云召有将帅之风,尉迟恭乃一朝名将,我猜,是丁世谦先生特地挑他两个来过瘾的吧?

2008年1月16—18日

# 一把罗扇

罗成的 fans,当然不能叫作罗粉丝。叫罗扇子就非常漂亮。"fans"既是"迷"又是"扇",不过好像只能用复数,单数一说就傻了:我是你的 fan,恩? 不料真给我看到个例句:I'm a huge fan of yours. ——原来还是有单数的。

我就是一把大罗扇,我从小就是。

还在上小学,我天天跟坐前排的男生讨论《说唐》。我发现我越来越不敢主动开启这个话题,我旁弯侧绕,令他先说,然后我再跟进。有一天他说:"你要是在古代,肯定是使枪的。"刹那间我的脸腾地红遍,足有半节课,腮上的红才缓慢而不均匀地消褪。

枪是最有风度的兵器。大刀太露骨了,板斧太嚣张了。锤和棒,都以力量为倚仗,有点儿透着笨。鞭哪,铜哪,仍属于击打类,非上品。武林中最常见的枪,以灵巧胜,简约含蓄,点到即止,使枪的人非但身手伶俐,姿态也漂亮。第一流的大将都用枪,如岳飞,还有杨家将。罗成一定是使枪的。不过我不接受评书《兴唐传》中对他枪的描述:"五勾神飞枪",枪上带五个倒勾,戳进对手的肚腹,再一和弄,把肠子带出来。这不是残忍,是——阴损。不必如此吧?兵器是人格的外化与映照。罗成的枪,外形上应该与普通的长枪一般无二,唯其当他使将起来它才大放异彩,成为"罗家枪"。

脸红的那一刻我才多大,十岁,十一岁?我至今都分不清究竟是我爱上了这样一个男性,还是我希望自己成为这样的人。我使枪,是后者的佐证,可是我也妒忌接近他的女性,那些为数不多的披挂盔甲出没营帐的女将,我想到她们就难受,即便是跟他隔了一个朝代的梁红玉。她们跟他是同类,就有了同仇敌忾的意思,离他们千年远的我则被摒除了。但我不醋他的妻,因为她是先入为主的,贤良本分的,而且跟他毫无罗曼史的。

文字粗疏的《说唐》,却花了几段笔墨写一个叫马赛飞的女人,写她跟罗成的一点瓜葛。马赛飞这名字挺英姿飒爽的,她本领高强,还有十二分的美貌。对着这一二三条,我却未妒火攻心,因为第四条把这些给抵消了:她是有夫之妇,在两军对阵之际爱上了罗成并且出言轻佻——荡妇哩,这女的。书这么写,我也这么读,毕竟我当时还小。这个情节少儿不宜,所以连环画将之改

124. 罗成受不了这种羞辱,举枪杀向马赛飞,马赛飞也挥刀来迎。罗成忽然抢上一步,以迅雷不及掩耳之势,一出手就把马赛飞提了过来,回马而去。

《说唐前传之七:御果园救主》,未羽改编,周瑞文、盛元富绘,福建人民出版社1982年版。

编为马赛飞对罗成出口不逊,才被罗成生擒:"罗成受不了这种羞辱,举枪杀向马赛飞,马赛飞也挥刀来迎。罗成忽然抢上一步,以迅雷不及掩耳之势,一出手就把马赛飞提了过来,回马而去。"

福建人民版的《说唐前传之七:御果园救主》画功上乘,罗成生擒马赛飞的一幕人物不大,却很出彩。天边一抹火烧似的彩云,地上征尘涌动,画家取的景是两个人的背影,表达出罗成已"回马而去"的距离。两匹马都在奔驰,罗成左手握的长枪很长,跟他微侧的身姿形成一个倜傥的交叉,他的右手正在将马赛飞擒拿,马赛飞被拽离了鞍桥,两只鞍镫脱离了她的脚,在甩荡。我尤其注意到罗成右手的姿势,极其潇洒,画里这么小的细部意味都是十足的。我对照着练习我自己的手的"态",可是这个华美的手势有谁欣赏,如我欣赏这幅画一样?

《御果园救主》里的罗成端的是美如冠玉。他在近处则丰姿展露,他在远处,寥寥几笔的轮廓也见得其风骨炫然。我试图临摹,以失败告终,我的线条失之毫厘谬以千里。我退而用水彩给书上色,其他人的衣服,我用普蓝、赭石、大红、深黑,唯独斯人,我用湖蓝、鹅黄、浅绿、粉白。幼时的色彩观真幼稚,若移植到现实中,这样穿戴的岂不是一个花花公子。有他面部特写的那一幅,我紧张地拿捏色调、水分,所幸成了大功,果然"眉清目秀,齿白唇红"。

连环画中的马赛飞没有被画得很美。去掉了原著中的放荡,这个人物不知该往哪里去挖掘特征:心狠手辣?意志刚强?正邪无端自考量。我长大之后,明显感觉到原著对她的贬损之甚:"那马赛飞看见罗成少年美貌,心中暗想:'这样俊俏郎君,跟他同宿一宵,胜如做皇后了。'"这绝对是男性的臆想,女人初见一个令她惊艳的男子,会立即想到"同宿"么?女人最爱一种隔了距离的缱绻,心为之动,神为之夺,那比什么都美。我遥想马娘娘一定反刍似的回味她被罗成提过马背带回营帐的过程。

58. 于是尉迟恭斟满一杯酒，走上前来："罗公子，末将敬奉一杯。"双手将杯送上。罗成连忙站立起来，欠身道："多谢将军！"

她是如此甘愿，被他擒去。

马赛飞是《说唐》中唯一跟罗成打过照面的女人。他那个视若无睹的老婆不算，她坐在那个位子上，反而没有机会了。

网络上有一首新诗，题为《罗成》："斑鸠店的程咬金一上台／整个瓦岗寨就固若金汤……"一路没正经地往下写，到最后两句，有意思了：

  罗成庙的泥塑要常修补

  嘴唇常被人吻了去

我忍俊不禁。我的吻早就印在了我小时候的连环画书上。世上有多少罗扇子我不知,我从来就假装,只有我一个。

2008年1月8—10日

# 咬　　金

这店子北向,有门无窗,昏暗。满屋子破书旧货堆着,就更加灰暗。一架老留声机在唱歌,割人的喉咙。老板把我要的《兴唐传》拿出来供我挑,他自己一边忙去了,有人搬了一箱子小人书来卖给他。先卖给他,再卖给我,就贵;我就没有那样的好运气,碰见整箱子运小人书去废品站的,把他截流住买下所有的。

我挑了几本,《程咬金劫皇杠》和其他。来卖小人书的那个人站我旁边看,体己似的说:"这书我那里都有,我在那边摆摊。"老板说,十元一本,《兴唐传》涨了。我觉得贵,才要还价,旁边那人立即说:"我要了。"掏出二十元拿走程咬金和另一本。老板对我说:"不贵的,你来过我没给你开高价。他是个贩子,你看十块钱他都收。"

他收去也算了。一同出到外面太阳地里,他引我去看他的摊子。一圈铺面围出中间的一块空地,每逢周末就有好些人来摆摊。阳光金花花的,树影唰啦啦的,来此地的都是闲人,蹲踞着摸看所谓的古玩,时间给消磨得慢下来了。我蹲着翻书,他这里也有《程咬金劫皇杠》,一问,十五元。

"那你叫我过来干啥?"

"那没办法。"他刚才跟那边老板得意地说,他才把一套《兴唐传》卖了两千块,我跟他过来可是傻。

我站起来准备走,他又说:"这书买了不亏,会增值哩。"

我说:"我不是贩子,自己看无所谓增值。"这话狠了点儿,我出口有点失悔,那人居然还点点头。

我在另一个摊子上买了《程咬金劫皇杠》,成色还新些,八元钱。这书我小时候没留意,并不怀旧,但看它画得还清新。程咬金是阿丑,丑人难画,这里面的咬金倒张张露脸儿:高颧骨冲鼻孔,立眉圆眼,泼喇胡须。这副面相凶恶,不凶的时候就显得憨直,他还肯帮人推车上坡哩。

程咬金这人,有种奇异的生存本领。并不是一味耍横——他从牢里出来,跑到当铺躺上柜台,说要当人。掌柜的说没地方拴号,他说:"耳朵上打眼拴号。"人家给了钱,他还把囚衣留下,说不白要人家钱。好在他肯听妈妈的话,妈妈教训过,他也就改了。他母亲确是有几分见识:一个姓尤的,为什么突然跟儿子交朋友,又请吃饭又送钱?她只是警惕,还没像《聊斋》里另一位猛汉的母亲那样预见性地悲伤:对方平白无故地施恩,只怕儿子要用性命去回报。她的确不必,因为她的儿子程咬金不会是那个下场,他的命多硬!相形之下,那个满身绸缎像个大掌柜的尤俊达人材差多了,行事也颇不地道:他入过绿林又洗手不干,现来了一笔皇杠让他眼红,就物色个程咬金来帮他干,免他自己黑白二道的罪名。程咬金有力气,不会武艺,尤俊达来教他使斧子。但他哪里配给程咬金做师父?程咬金嫌他的招数太俗,自创了一套:点、劈脑袋、削手、再削手、掏耳朵、抹马!这都是什么招儿嘛,科班出身的人决想不到斧头可以这样使,再再意外,势必中招。

时有神仙出没的《说唐》也没让尤俊达给程咬金当成教练。他教,咬金学不会,咬金去睡了,梦见神仙来教他斧法。醒来仍是夜半,想要演练,没有马骑不威武,就从厅上拽来一条板凳,取绳子一头缚住凳子一头缚自己颈子,骑着凳,双手抡斧满院乱跑。什么情景呵——被惊醒的尤俊达从门缝里瞧去,只见月光照人,如同白昼,咬金在那里骑板凳舞斧头,甚是奇妙。看到这一幕就该知道咬金是何等人物了:没有马,他假装板凳就是马,他指凳为马。他将越级向上,勇往直前,所向披靡。

他为什么叫"咬金"呢?若说是识字不多起的俗名儿,他怎么不叫"有财"。"咬金"两个字配他真贴切,凭本能把握住一个真理,金子有用就是真理,他是个粗人,故咬。这名字喻示他知道什么是最直截的路,比喝了半肚子墨水的人更具备直觉的智慧。

他还真的咬过一回金。他找竹行王小二要竹子,王小二说自去拿,拿得动就拿两排去。咬金笑道:"欺我程大爷拿不动么?"他把刚得的一两银子咬在嘴里,把竹子肩一排又挟一排,飞跑去了。

2008 年 3 月 26 日

## 呼雷豹认识黄骠马

《兴唐传》上说,秦琼卖马的时候,碰到一个识货的牙行老手金三爷,他对众人讲:"此马在八骏之内,叫做黄骠马,又名铅顶干草黄。"这话我听着总不大对。八骏中是有这匹黄骠马,但那该是后人综合评选的结果,他们当时怎会知道?马以主贵,秦琼那会儿正落魄得很呢,集市上的人都笑他穷汉牵瘦马。

若按《说唐》上说,秦琼后来建功立业时骑的倒不是这匹黄骠马。他还在瓦岗寨的阶段就得了尚师徒的呼雷豹。可是要问秦琼的坐骑,大家想到的仍是黄骠马,它与他相濡已久,气质亦相近。猛烈的呼雷豹还是跟尚师徒类同。

呼雷豹是一匹异马。瞧它的名字——黄骠马其实不算个名字,但呼雷豹是名字。据汪曾祺先生考证,"豹"应写作"駮",意指马毛色不纯,"呼雷"是"忽律"的转音,意思是鳄鱼,"呼雷豹"就是有鳄鱼那样黑白相杂斑点的马。我翻阅了有呼雷豹出没的几册连环画书,画家们根据它的个性,也把它画成斑点马,还统一把它的马鬃扎成一连排的鬏鬏,奔跑作战时丝毫不乱。一般的马都梳披肩发,唯独它的发型最酷,它拽呀。

马鬃之外,呼雷豹头上另生着几根痒毛。拉一拉,它就嘶叫,口中吐出黑烟,令普通的马丧魂失魄,跌倒在地,把主将摔下马背,任尚师徒取命。其实尚师徒武功不弱,进入了隋唐好汉十强,他战不过伍云召又必须要拖住他,这个时候扯扯呼雷豹的痒毛也罢了,可我们看他总是扯,连对付程咬金都要扯,简直让人疑心他的本领了。这样,也就怪不得瓦岗寨的二十多人把他团团围住厮杀,使他招架不及,腾不出手去扯马的毛。尚师徒大叫:"我从不曾见有如此战法。"可是别人也不曾见有如你的马。

瓦岗寨的人几次三番打尚师徒的马的主意。秦琼说:"尚师徒,你倚了脚力本事,把人捉去,岂是好汉所为?"尚师徒答:"我今不用坐骑之力,也有本事擒你。"这倒是实话,不过尚师徒除了有这匹怪马,似乎是个憨直之人,他屡屡掉进秦琼们设下的当子。秦琼说,你的马作怪,我不放心,咱们下马用短兵器步战吧。——这话给想拍电视剧的导演听了,必定大喜,他们就是拍不了马战,巴不得步战让演员做出些花哨动作。他两个步战,瓦岗寨的王伯当悄悄过去把呼雷豹牵走,用它换回了被俘的程咬金。第二回尚师徒不肯下马了,秦琼说这里是旷野,哪个跑来偷你的马?尚师徒四下看看,又答应了。是没人跑来偷马,因为王伯当在头一夜已经埋伏在一个大坑里了,此刻钻出来骑走呼雷豹。"哎呀,我的马呢?"尚师徒气得三尸直爆七孔生烟,很像他的马。

当晚,程咬金打着灯笼到后槽去看稀奇:这马,为何这等厉害?只见众马都远远立着,不敢靠近它。程咬金拉拉它的痒毛,它嘶叫一声,其他的马全部滚翻,尿屁直流。程咬金直摇头。他趁外面好月光,牵着呼雷豹出去遛。他走一步,扯一扯,马就吼叫,他乱扯,马就乱叫。程咬金大发脾气,把马的痒毛尽行拔去,马也大发脾气,把他掀翻在地。呼雷豹跑回临阳关找尚师徒——这幕场景多感人,围观的将士们交口称奇,尚师徒的表情看不清,但见他的胡子都上翘,肯定是在笑。他发现马的痒毛没了,没法让它叫了。虽然不叫,还是宝驹,他吩咐军士好好上料。

程咬金胡作非为,无意中倒造成了不错的效果,假如秦琼将错就错,让尚师徒认为马是他们特意放回的,偷马只为去掉马的痒毛,那倒磊落了。可惜双方都没这个想法,尚师徒再见了秦琼面,仍气咻咻的。秦琼战他不过,被追至一条大涧边,秦琼将马加鞭想跳过去,不想他的黄骠马已战乏,竟扑落涧中,乱石穿肚而死。秦琼把他的枪一撑,人跳上了岸,枪却断了。他使出

呼雷豹痛极,吼叫一声,口中吐出黑烟,没尾驹扑地跌倒了,屎屁直流。叔宝一枪先刺倒没尾驹,后刺死左雄。

《说唐之十四:罗成夺魁》,余音改编,张文忠绘,四川人民出版社 1982 年版。

他马快出身的蹿纵绝技,舞双铜,忽东忽西,或前或后。尚师徒在马上使长枪反受被动,又恐伤了坐骑——他真是爱他的马呀——就下马插枪,取出双鞭步战。结果被秦琼瞅个空子,跳上呼雷豹,连枪拔去跑了。我很奇怪聪明的呼雷豹怎么肯跑?接着看下去:"那秦叔宝得了枪马回营,不胜欢喜。"他欢喜得多饮了酒食,加上当日劳倦,落水时又惊一下又湿一身,次日就病倒了。那么他肯定没派人去驮回他的黄骠马。可怜跟随他多年的黄骠马,开膛破肚地死在水中,血都流干了吧?还有没有一个稀薄的梦恋栈在空中。它的主人现在满心里想的都是呼雷豹。

呼雷豹认识黄骠马。几次秦琼跟尚师徒步战，两匹马都被拴在旁边，彼此离得很近。呼雷豹是宝马，黄骠马也是名马，马识得马，就如英雄识英雄。呼雷豹这般强横，跟黄骠马站在一块儿也还太平，几次下来，都熟了，不料竟亲眼看见黄骠马的死，自己则身不由己成了它的继任。它这么有灵性，如果连感情都有，要拐过这个弯儿就难了。

尚师徒终究没斗过秦琼等。他关隘已失，回头看关上灯火通明，呐喊奔驰，知道大势已去。面对秦琼的劝降，他长叹一声："我不能为朝廷争气，死有何惜！"遂拔剑自刎。秦琼当时骑的是呼雷豹，我看画中呼雷豹把头深深往下埋，不去看旧主人的自刎——它是否感到了身为一匹马的悲哀，不能够选择背上的主人。

呼雷豹只有跟尚师徒在一起的时候才叫，令其他的马丧失战斗力和尊严。归秦琼的时候已经不会叫了，偶然被左雄的恶马尾巴扫中叫了一次，那是痛的。它有点像春秋时美貌惊世的息夫人，终为楚王所得，给他生了两个儿子，却始终不跟他讲一句话。

2008年1月19—22日

# 机械英雄观

"机械英雄观",此为周泽雄语,语出其大著《青梅煮酒》。

周泽雄不谈《说唐》,他是在谈《三国》、《水浒》的边缘顺便带过一笔:"机械英雄观,以《说唐》为最。一个人既已成了顶尖高手,那么他的武艺将不随场合、心境的变化而变化,永远只能体现顶尖高手的技艺,就仿佛一个九段棋手只能下九段一品的棋,断无出'昏着'、'恶手'之理。"确是这样,你只要知道《说唐》中各位英雄的武艺排名,所有的交手,不必进行已先有分晓。

第一条好汉李元霸。第二条好汉宇文成都。第三条好汉裴元庆。第四条好汉雄阔海。第五条好汉伍云召。第六条好汉伍天锡。第七条好汉罗成。第八条好汉杨林。第九条好汉魏文通。第十条好汉尚师徒。第十一条好汉新文礼。第十二大概要数韩擒虎。第十三不知道。第十四有人说是王伯当。戏份最重的秦琼仅排名第十六。单雄信第十八。程咬金排名不清,但很明显他

公元六一七年五月,李渊自立为唐王。七月,以李元霸为先锋,兴兵来取长安。不几日,得河西,取潼关,所向无敌。

比老单强。对着这张排行榜我想,既然前面有好几个空缺,为什么大家不往前推进呢?又无须插队。或许《说唐》的作者认为宁缺勿滥,众英雄的武艺高低须符合他心里的刻度,名次要和本领成一定比例。如此,我们可以知道被一律地形容为"万夫不当之勇"的众好汉,实际上的水平有多么参差不齐。有万夫不当之勇,号令天下绿林的单雄信,只要不是和无名之辈交手,就总是输。他当然得输,因为他后面就不排了,由他殿后呢。怪不得人说宁为鸡头,不为凤尾,单雄信的尴尬处境,比上不了榜的任何兄弟都差。

但也有难得的偶然,突破机械,令人激动。单田芳在他的评书中说:"宇文成都什么时候碰到裴元庆,什么时候倒霉。"就是这么古怪,小裴的名次明明是在宇文之后,可实战起来,吃亏的总是成都。四明山那次应该不算,小裴的 fans 都得承认——宇文成都是被排名第四、第五、第六的三杰联手围攻,从辰时战至午后,三杰不敌退下,成都在追赶途中遭遇小裴,这种时候他的流金铛怎抵得了小裴的双锤。但以其他人为参照——参照物当然是战斗机器李元霸——宇文成都当不起霸的半锤,而小裴居然接了霸的三锤,这又如何解释?

湖南美术出版社在 1982 年出过一套五本的《说唐》,画得粗糙,但小裴遭逢李元霸的场景给我印象深刻。原著中的裴元庆,是个哪吒似的少年,在这个版本的画幅里,他的模样并不俊秀,看上去又太小,圆脸,精悍,像一个力气不凡的乡野孩子。四明山下,李元霸来了!这个人厉害得简直不是一个人,所有人闻风丧胆,好不容易得个办法,在头顶插一面小黄旗,伪装成"李家恩公的朋友",可以保命。人人都插了,唯独裴元庆不肯插:他七岁行军,如今一十四岁,双锤之下打了多少英雄,岂怕一个"霸"?图画中,他咬牙切齿,两柄锤并拢来高高举起,去迎接霸的比他更大的一个锤——"好家伙!"只一下他就知道了,对手名不虚传;霸又连击二锤,好小裴,当、当、当,一连接住三锤,大叫一声:"果然好厉害!"回马就跑。

下一幅画的构思特好,比其他版本同一情节的画都好些:取远景,两个人都很小而气势、局面分明,兼具回味。端坐马上的霸耸立于山坡,一手抱锤,另一只大锤高高朝天举起,他对着头也不回冲下山去的小裴的背影喊道:"好兄弟,天下没有人当得我半锤,你能连接我三锤,也算是个好汉,饶你去吧!"这句话喊得漂亮,一个生来只为充当战斗机的人,也明白有的人不能杀;小裴输得也精彩,他是尚武,霸是黩武,两人的四柄大锤激烈相碰之后他终于知道天外还有天。画这幅画的人富有想象力,可惜画功不硬,就好比一个小说家善编故事而文笔欠佳。但他可以去当导演,说不定比前几年的电视剧《隋唐英雄传》的导演强。在那部电视剧里,小裴就在这一次让李元霸的锤砸死了,还笑着说自己死得服气。谁服气?砸死裴元庆的李元霸,彻底成了个最无趣的人;小裴也不该这么乏味地死,他就该死在武功完全不及的新文礼摆下的火雷阵中,至今京剧中仍有这一出《火烧裴元庆》。

《说唐》中的武艺排名,其间包含着一种命运的播弄。最典型的就是李元霸跟宇文成都,他们俩究竟谁是谁的命中克星?霸的师父曾叮嘱过他,日后若碰到使流金铛的人,不可伤他性命。宇文成都就是使流金铛的。前一次,他被放过,后一次,他被抓过去撕了。撕了他的霸随即就在归途中被雷追轰,力大无穷、但多少有些弱智的霸愤怒地将他的四百斤重大锤撩向天空,再仰头看它落下来——刚好落在他自己的脸上。

从来没人认为天赋异秉的李元霸是英雄。连《说唐》的作者都不,他让霸替他的父亲李渊夺取到传国玉玺后就死掉了。李元霸死了,高兴的人太多,悲痛的人却近乎无,除了他的自家人。这真是个悲剧:一个人光有盖世的本领却无人的感情,来人世走一遭,非但没人亲近,连敬重也没赚来一分。令所有人魂飞胆丧有什么好处,人皆避之犹恐不及,这还有什么意思……

所以李元霸怎舍得用他的锤砸死裴元庆。好不容易才碰到这个不仅不怕他,还一连接了他三锤的小子,他该是他在世间孤独的伴。

任何版本的隋唐故事,秦琼都是主要人物。陈荫荣的《兴唐传》说他"锏打山东六府,马踏黄河两岸",这话漂亮得很,其实他本事时有不济。大概他是个有原型的真人,跟尉迟恭一样,所以他俩的故事显得真实,本领没被吹嘘到不可信的地步。秦琼与尉迟恭有"三鞭换两锏"的佳话,打了个平手。旗鼓相当的他俩在唐太宗即位的年代并肩做了门神,至今已在中国人家的大门上站了一千多年。成神的远不是武艺最佳者,这反映出,武功并非决定性条件。

其实所有作者的襟怀，都不会为武艺所局囿，真那样机械还写什么书？

2007年12月28—31日

# 宇文家的事

隋炀帝的宠臣宇文化及有两个儿子,大的成都,小的成龙。叫成都的是大隋朝的标杆,得无敌将军之谓;叫成龙的成了脓包,简直适得其反,宇文化及生过第一个好儿子就收手倒好了。这两兄弟一个天上一个地下,世间此情常见,一个占尽风光的人物被造就出来,必须配搭一个副产品来承载剩余渣滓。

宇文成都不大搭理他这个兄弟。宇文成龙却羡慕他哥,所以在他爹保举长平王邱瑞征伐瓦岗的时候,自告奋勇挂先锋印。他爹阻拦不及,炀帝已经非常高兴地下旨册封了,只好回家埋怨:"你没有本事,如何挂先锋印?此去性命难保!"赶紧备厚礼打点邱瑞,求他照看儿子。其实他恨着邱瑞呢,他保举他为帅就是为了害他的。对他爹的苦心运作,宇文成龙肯定是一副大不唎唎大不屑的样子,天下的窝囊废全都有这种爹、这种行为模式。

《说唐》写这个小丑只简淡勾画,没好好展开。评书里需要这个丑角,所以浓墨重彩。单田芳说宇文成龙屁股大,脖子长,是天生"顶枷戴锁的脖子,蹲监坐狱的屁股",倒是妙喻。陈荫荣也讲邱瑞升帐点将,宇文成龙来迟,一问,说是上阵没盔甲不好看,故特地到冥衣铺糊了一套,众将看他身上纸糊的盔甲果真飘飘然的。与这种蠢材共事,邱瑞必然难做,他手下将官也会觉得深受侮辱。瓦岗寨跟宇文成龙对战,只有拿他当儿戏才能避免侮辱。

军师徐茂公命令众将,许败不许胜。故一日之内,以单雄信为首的十五员大将一律败给宇文成龙,然后一连半月闭关不出,任凭宇文成龙得意忘形地骂战。此举意欲何为?《说唐》没交代,《兴唐传》补了一笔使它完整:邱瑞手下一员悍将,先前败给单雄信,现在眼见着宇文成龙耀武扬威,硬是被气死了。随后徐茂公再行施反间计:把宇文成龙抓来,割了首级差人送给宇文化及,附上仿冒邱瑞笔迹的信,说宇文成龙恃功骄横,违抗军令被斩。擒拿宇文成龙的人,《说唐》里是秦琼,《兴唐》里当然还是单雄信——他是空手上阵的,并且哈哈大笑说:"我若动用兵刃赢他,就不叫小灵官!"

于是不值钱的宇文成龙的头就被割下来,装进竹箱去送给他爹。他爹起先没认识这个头,因为用石灰拌过,等读了书信再仔细看，不觉瘫倒在地大哭大骂。带着信和头到炀帝面前告状去，再跟着锦衣卫去邱瑞家捉拿家属，才知家属已被徐茂公赚取上瓦岗，作为招降邱瑞的筹码。——宇文成龙的贡献，到此便告圆满，没有剩余价值了。

一个废物儿子，死了不过哭一场，宇文化及更挂心的，其实是他的大儿子成都。当时如果有保险公司，他早就投保了，花多少保金都行，他这个大儿子多宝贵。一个人越有能耐，越危险，风口浪尖上的事情都归他做，宇文成都身为隋朝的标杆，多少人以他为靶子！其实他为昏君效力，是食君之禄分君之忧，无可非议。令人寒心的是那一次：四明山下"三英战吕布"，排名第四、五、六的三强手雄阔海、伍云召、伍天锡围攻宇文成都，从辰时直战至午后，观战的靠山王杨林却想宇文化及仗着儿子成都厉害，有不臣之心，不如借反贼之手杀了他，以绝后患。就令军士只管击鼓，再不鸣金。杨林的用意宇文化及当然明白，心里不知怎样在大骂这老贼，就如杨林心里也一样在骂他老贼——凡年过五十，老谋深算的男子都可以被称做"老贼"，这是中国传统儒雅骂人法。战鼓急急，声声逼命，宇文成都心知肚明，可他身为战将，必须竭尽全力地杀下去，杀下去。他不愧为无敌将军，三强终于还是战他不过，退下了，他仍追赶。追至半山，排名第三的裴元庆手执双锤杀下山来，宇文成都把流金锏一挡，叮

云召在前面山岗,忙拔箭张弓,照成都射去。成都不防暗箭,叫声:"啊呀,不好了!"一箭正中在手,回马走了。

《说唐之五:南阳关》,余音改编,丁世谦绘,四川人民出版社1981年版。

当一响,挡不住,回马败走,裴元庆飞马紧追。宇文化及慌得爬上金顶龙舟哭求炀帝,这才圣旨下,鸣金收兵。宇文成都回到龙舟,扑地跌了一交,晕死过去了。他这一回元气大伤,内伤尤甚。如果之前宇文化及的不臣之心还处于不明朗状态,在这之后,他们宇文家就要正经为自己打算了。此时天下大乱,十八家反王、六十四处烟尘并起,隋朝江山风雨飘摇,并非没有实力的宇文家族何尝不想逐鹿?

宇文成都其人并不给人以恶感。能把武艺练到他这个段

李元霸的师父紫阳真人,曾叮嘱元霸,若遇见使流金镋的,不可伤他性命。元霸今日见成都有相害之意,竟忘了师父之言,扑身上前,把锤迎上。

《说唐之十四:罗成夺魁》,余音改编,张文忠绘,四川人民出版社1982年版。

位,人品上须得有些境界,低俗不入流的人达不到。纵观全书,他基本上没干什么个人化的坏事,实事倒是干了不少,哪儿有大事哪儿有他。他这样的人评高级职称,享一品俸禄,是昏君的英明之举。后来冒出个比他武功更高的李元霸,其实重用不得,因为李元霸的爹李渊,温良恭俭让的外表下,最终证明了有真正的不臣之心。等到宇文成都逼炀帝自缢,李渊放声大哭,遥祭炀帝灵魂,开丧挂白,然后在众人的劝说下,并"侑知天意在唐",才"再拜受命",戴冠冕,披黄袍,升大殿。

宇文成都与李元霸赌力，比赛举午门外的金狮子，三千斤重一个。李元霸说："你先去举。"他倒是深谙当代法律"谁主张谁举证"的原则。宇文成都走出午门，一手托腰，一手举起狮子，一步步走到殿上，再举出去。《兴唐传》里加了一笔：他举狮子出去的时候，嗓子眼儿里一阵甜腥，一口血涌上来。他强忍着把它咽了回去，不叫人看见。这笔加得好，是，我们只看见无敌将的风光，何尝看见他和血吞的内伤？

李元霸何许人也，他把两个狮子同时举起来，举上举下十数遍，非人也。最后在紫金山下，宇文成都还是跟李元霸狭路相逢。"成都看见，吓得魂消魄丧，欲待退走，无奈人已照面了，只得叹口气道：'罢，小畜生，今日与你拼命也！'"用笔简略的《说唐》，话也说到了位："无奈人已照面了"！明知必死，为尊严故依然上前，宇文成都作为一个将军的素质，是无可挑剔的。

宇文化及承担了弑君的罪名，皇帝却该李渊做，此老贼没斗过彼老贼。

2008年1月27—31日

# 圆 情

柴绍这个人物,在书中仿佛一棵倒置的树。树冠在前,有繁复的枝叶,其后渐渐收拢,如树干般扎实。这扎实的部分正是史实,他与他的夫人率领娘子军参加若干战役、封何官职之类,小说对定型的东西兴趣有限,就用史笔带过了事,到最后,更是用一句话让他叶落归根:秦王李世民去看望王姊,"其时姊丈柴绍已病亡"。

但柴绍并非仅为李渊找到他做乘龙快婿而存在。在闹花灯一节,他肩负着独到的审美功用,《隋唐演义》的第十七回就是以他的名义来作文章的:"柴郡马挟伴游灯市"。

"郡马"这个词天然有一种风流之态。同类最高级的"驸马"虽说历经了更严苛的千挑万选,但诸多掣肘之下,中标者往往是一个平庸之辈,或者中标后被磨蚀成一个平庸辈,怎比得"郡马"行止自如、落落有方?柴绍的仪范,堪称一个标准的郡马,李渊为女选婿,同时也为自己选取羽翼,他选中的人,果然是不负众望的,连我们都觉得再合适不过。唐公东床虚位以待,就等他现身。

他却深藏不露,经过了几重幕帏才得由见。唐公李渊举家返乡,夫人路途生子,借寺院小住,李渊在寺里看到柴绍手书的一联:"宝塔凌云一目江天这般清净,金灯代月十方世界何等虚明。"因向住持探问来历。晚间踏月散步,走上山冈,只见竹林对过,灯火微红,有吟诵之声。唐公轻轻举步到读书之所,从窗隙中窥视,只见灯下坐着一个美少年:"面如傅粉,唇若涂朱;横宝剑于文几,琅琅含诵,却不是孔孟儒书,乃是孙吴兵法。念罢拔剑起舞,有旁若无人之状。"这便是柴绍了。

柴绍文武兼备,内外兼美,却与同样条件的罗成并不类型重合。《兴唐传》里年少轻狂的罗成见到"雪亮银装一身白,神采照人"的柴绍,十分喜欢他,这罗小哥儿自己漂亮,要求别人也达到标准,否则就该鄙视。柴绍与罗成,是英雄聚义起事后被徐茂公从盟贴上涂抹掉的两个名字,因他俩是官府中人,有些不便。但后来,罗成先是暗助瓦岗,后是公然投奔,柴绍则始终追随他的岳丈为之效力去了。柴绍是"资产阶级革命家",李渊家族作为革命的获利者,不仅坐享其成,起义农民的精华成分也被他们吸纳——草莽出身的瓦岗众将最终大多归了大唐。柴绍在气质上也确实有些小资,所以游灯市圆情一节非他不可,罗成不能与他互换。

闹花灯还是早年间的事。临近正月十五,秦琼赴长安公干,既是随缘也是碰巧,与柴绍等作五人行。时逢元宵佳节,只见三街六市,悬灯结彩,兵部尚书府前将射圃改作球场,搭起牌楼供人圆情,并有惯会圆情的美女高手相陪。什么是圆情?就是踢球,古人踢球有情,一场球踢完,情也圆了,这个词造得真写意。五人中,有两人是落草的绿林好汉,风高放火,月黑杀人,不解圆情何物。另两位好汉,秦叔宝虽一身武艺,圆情倒有斛节;王伯当则是弃功名环游天下的名公,博艺皆精,他两个去圆一把情未尝不可,只是大家公认柴郡马青年飘逸,这种场合推他上台最为恰当。秦琼说:"圆情虽会,未免有粗鄙之态。此间乃十目所视的去处,郡马斯文,全无渗漏。""渗漏"二字极妙,可以作这样的设想——飘逸好男如柴绍,把他圆情的过程拍摄下来做成视频,随意截图,定然是张张漂亮,美轮美奂,绝无仓促下的失态丑态。静态下算得美人的,动态之下未必,秦琼王伯当也不枉一表人才,只是他们在战马上耍惯了,圆起情来,锁腰、单枪、对损、肩妆这些招式的感觉仍然硬朗,与美人搭档,显得落花有意流水无情。柴绍来做,即使不脱规定动作,是他这个人就对了,一种旖旎风流的态度,被他带进画面中。资料说,古时踢球的手段多样,什么佛顶珠、风摆荷、燕归巢、斜插花、流星拐、双肩背月、朝天子……这些手段不会是柴绍的,倒让我想起一身媚骨的高俅。柴绍是"材在骨中踢不去,俏从胎里带将来",他并不需要太多技艺,关键靠他那份人材。

柴绍共两位美人,把球踢进彩门,把情圆了。台下欢呼声如海。柴绍赠了美人缠头之资,各自散了。

2008年4月7—9日

# 这卖马的是谁

中国曲艺版的连环画《兴唐传》全套三十四册,有十二册都是付伯星、来汶阳的手笔。这两个名字屡屡跟《兴唐传》一块儿出现,以至于在我的臆想中他们也是两个顶盔贯甲的人,造型瘦长,像他们画的武将,也像他俩名字的汉字形态。他俩创作的隋唐人物班成了班底,统领着全套画书的风格。开篇第一册,《秦琼卖马》,就归他俩挑大梁。

秦琼出场了,抱拳打拱——戏曲舞台上的标准亮相姿态。此时他十八岁。这有点为难,就如同唐国强扮演李世民,陈宝国扮演白景琦,剧中人少年的阶段显得太老成。秦琼倒也是少年老成的人,他十八岁进衙门当差,其间押解犯人到山西,大概也就二十来岁年纪,但看他住店受气,穷途卖马,与单雄信等人交接的种种,都表现得得体成熟。秦琼一生占尽人和,这与他善于处世互为因果关系。情商高是一种天分,折磨磨炼也未必能学会,像在下我,早就拱手认输了。说书的人把自己积攒了半生的阅历和世故都给了秦琼。画画的人也是,画中的秦琼线条利落,举止自如而有节,是个有斟酌的人。

秦琼的气质,当捕快显然大了,寻常人也看得出这身捕快衣服装不下他。英雄莫问出处,英雄不在乎衣服。衣服是依附在穿它的人身上,才有了神气风采。有人说付、来二位的作品形象雷同,把他们画的《岳传》拿来跟《兴唐》比较,会把岳飞当作穿上盔甲的秦琼。模糊一想,穿了盔甲的秦琼,确实会有点像岳飞,他俩都是沉着老成,一样的长脸型,颔下三绺长髯。可仔细想,岳飞应该更凝重,"还我河山"的气概在他胸怀。秦琼则多些江湖气,做派虽漂亮为人称道,却停留在某个不脱草莽的层次上。也许,让一位画家同时画甲胄在身的岳飞与秦琼,是考他功力的一道好题:看他笔中流泻的线能框出多少精神内容。

付伯星先生长期从事南宋史的研究和取材南宋的绘画创作。他与来汶阳久居杭州,对南宋的遗迹野史、街巷建筑、俚俗民情均感同身受,胜人一筹。请他们画《岳传》,真是好人选,可惜时机已过:《岳传》脱稿在八十年代末,正值连环画大溃决之时,画成的书稿被束之高阁。秦琼则比较走运,在八十年代初出来,《兴唐传》每册发行数百万,十二册就是数千万,以如此的海量覆盖全国的耳目视听,大家伙儿想到秦琼,大概都会以付、来版为正宗。付、来以《兴唐传》成名,也视它为自己最好的作品,好的在前,所以《岳传》不幸不时被人看到里头有秦琼、程咬金的影子,还有老杨林。

秦琼在潞州盘桓一月,到不得已卖马的时候,已是深秋天了。马市上没有人要,他跟着个识货老儿去寻买主。他戴顶小帽,短打外罩件青布大氅——脱胎于京剧《卖马》的服饰,经修改成为线描版。识货的老儿倒也仙风道骨,帮着牵的那黄骠马,饿得垂头落颈,肚细毛长。秦琼问到哪里去会买主,老儿说到二贤庄去找单二员外。一语点醒秦琼,潞州有这个慕名朋友,可是

《兴唐传之一:秦琼卖马》,小戈编文,付伯星、来汶阳、王重义绘,中国曲艺出版社1981年版。

困顿已久,褴褛无颜相见。只能说自己是个卖马的了。此时,金风送暑,树叶飘黄,秦琼走在道旁的大树底下,边上茶坊酒肆的买卖人,闲散地忙着。家贫不是贫,路贫愁煞人。他们没注意秦琼这一刻的踌躇。

2008 年 3 月 16—19 日

# 单二员外买马

我临摹过四川人民版《秦琼卖马》的封面。其实是"临"不是"摹":不是用玻璃纸蒙在原图上描,是照着它画。我用了张大纸,比例放大数倍,操控倒还成功,画好就给美术老师收去了,加了玻璃框挂在美术室的墙上。一同收去的还有一长幅《八骏图》,我才画了八匹马,背后的树还没有画,老师不还我了,他卷起藏在柜子里,有外校的老师来参观他才取出铺开请他们看。那是我上小学五年级的事。我本来不会画男人;我绘画花团锦簇,但局限于女性,不知怎么的秦琼和单雄信给我画出来了。

一般的人都看得出,川版《说唐》的绘画逊于曲艺版《兴唐传》,可我偏爱川版,不仅是川版的情节更对我心思的缘故。画功尚须努力有一个好处,表示暂时不会产生匠气,因为还没到那个阶段。《兴唐传》的画幅太多太娴熟,反而危险。联系到各自的原著,倒也一一对应:《说唐》的文字糙,《兴唐》有它的讲究,"七红八黑九江湖",熟门熟路,而江湖跑老,胆子——是不是反而跑小。

秦琼跟着识货的老儿来到二贤庄。卖马这一段,由不同的作者处理,怎么"卖"都一样,怎么"买"却各各不同。马的买主单二员外,也就有了几副不同的面目。

声震绿林的单雄信在《兴唐传》里确是豪爽仗义。他一见马是好马,就答应给二百五十两银子,并请卖马人相见说话。他听说秦琼在山东历城县当差,忙问可认识秦叔宝秦二哥,秦琼答说是同衙门朋友。单雄信说:"既是秦二哥的朋友,我送你盘费,原马请牵回去。"秦琼说初次见面,一定把马留下。单雄信忙命人准备酒饭,饭后拿三百两银子作为马价,并取锦缎二匹托他带给秦老太太。评书《兴唐传》有着浓郁的老北京特色,世故练达,人情最厚。现放着单雄信这么个理想载体,当然要把规矩方圆撑个满满:看,做人就该是这样做的。

《说唐》就冷淡多了。单雄信看过了马,问要多少价钱,秦琼说要五十两。单雄信说这马讨五十两不多,只是膘跌太重,不加细料喂养就是废物了,咱与你三十两。说完就转身过桥去了,秦琼只得跟过,说凭员外赐多少罢了。我临摹的秦琼半低着头,在另一边相马的单雄信一手按马头,一手握住马的嚼子,他的全身姿势都占据着上风。他跟秦琼之间隔着这匹马。他只道秦琼是个寻常异乡人,压价压得狠,态度上也轻慢。假如秦琼襟怀稍

单雄信拉秦琼进了庭堂,说:"既是秦二哥的朋友,我送你盘费,原马请牵回去。"秦琼说,初次见面,一定把马留下。单雄信连忙命人准备酒饭。

《兴唐传之一:秦琼卖马》,小戈编文,傅伯星、来汶阳、王重义绘,中国曲艺出版社1981年版。

窄,此时就有一道阴影射向以后的交往:不露出我的声名,我仍是我,难道这个真正的我该被你如此看低?可惜,你单雄信有眼力识困顿的瘦马,却不识得落难的英雄,可见我们缘分尚浅。我的处世风格,是不是微妙地被我喜欢的书教出来的——我为什么不去喜欢《兴唐传》,去感受古道热肠的暖意?我偏偏喜欢《说唐》,明明对他人不存指望,内心却又自伤落寞,何苦呢?

还有一本书,《隋史遗文》,文采甚好,它是《说唐》的来源之一。我原以为它是在《说唐》的基础上扩充的,后来想想不对,只有简的抄繁的,把繁的语句删简;繁的不可能抄简的,同时其他语句的文气还保持一贯——这是证据,证明繁的《隋史遗文》的作者是原创作者。《隋史遗文》里面另有一番世故,很有趣。秦单二人进了庄,雄信叫手下人牵马到槽头去,上些细料来回话。不多时,手下向主人耳边低声回复:"这马狠得紧,把老爷胭脂马的耳朵都咬坏了。吃下一斗蒸熟绿豆,还在槽里面抢水草吃,不曾住口。"雄信暗喜,乔做人情道:"朋友,我们手下人说,马不吃细料的了。只是我说出与你三十两银子,不好失信。"嗬,这个单雄信比前一个单雄信更加变本加厉,连欺带骗,可是却诡黠可喜,是另一种饱满。难怪王伯当听说此事且惊且笑:"单二哥是有名豪杰,难道与兄做交易讨便宜? 这也不成个单雄信了!"买马这一桩事真可以是笑柄,确是"不成个单雄信",但又一想,也很可以"就是个单雄信"。单雄信这人,特别像个人,一就是一,二就是二,来者是秦琼的话,没说的,这朋友要交! 他不来都要交。不是秦琼,只是个外乡人卖马的,那也没说的,做生意当然要讨便宜,见到王伯当还要炫耀:看这马,千里龙驹,三十两银子就买了嘞! 放着钱不赚,难道等着去落草? 单雄信是坐地分赃的强盗头儿,生着一张蓝靛脸,等他后来知道卖马的是秦琼也决不会脸红,立马就能改容相向。想通了他是这个性儿,秦琼胸中反倒不容易堆积块垒,到最终二人分道扬镳,单雄信临刑之前还能跟秦琼一起割股肉交换了吃下。《说唐》里就不行了,单雄信碰见秦琼就要拼命,秦琼哪敢还手,只有躲的份儿。

卖马之前,秦琼在临潼山救了李渊一命。李渊惊魂甫定,误将单雄信的兄长射死。这是一个死结,李渊与秦单二人的关系一是恩,一是仇,他自己又非等闲人物,有朝一日将掌握皇权。他们三方的联系,很像一种拼接玩具,这一头对上了,那一头却对不上,是反的。他们成不了三位一体。到最后把三方拉拢来收尾的时候,被牺牲掉的一定是单雄信。

卖马时交臂错过之后,单雄信终于还是把秦琼接到了家中,为他请医养病,之后更有厚赠和搭救种种,挥金全义,恩同再造。二人盘桓之时,单雄信对秦琼讲过兄长被李渊射死一事,秦琼十分叹息,但他自己救李渊的事,他肯定是绝口不提。一提,马上就尴尬了,我理解他,从任何理由考虑他都该有所保留。

他二人的几种结尾,唯独《兴唐传》我觉得不合理:孤力难支的单雄信独踹唐营被擒,宁死不降,即将被杀。在这个时候,他居然还念念不忘秦琼,他眼含泪水,觉得最大的遗憾是不能再见秦琼一面。秦琼的形象在《兴唐传》中被过分美化了,他自夸:"我秦琼忠孝仁义全占……"世间哪有完人,硬造一个出来只有让人反感。他追求前程抛弃单雄信,不得已的辜负也是人生一味呀,朋友断了就断了,单雄信又何必原谅他?

2008年2月3—5日一稿,3月24日改写

# 情深不寿,强极则辱

我不知跑了多少冤枉路,往书店、书摊、小人书摊去找,还写信给远方的亲戚托他们找,二十二册《说唐》中我没有的那些册。小学生不懂得出版有周期,那些书我到处找不到是因为还没出来。这套书前后跨度了两三年时间才出齐。《罗成之死》是1983年7月出版的,逼近最后了。

罗成这样的人是一定会死的。他精彩漂亮地活过短暂的一生,然后鲜明夺目地死给我们看。

《罗成之死》迟迟不出来。我梦到它好多回,我看到的画面是我自己潜意识的投射,它惊鸿一瞥地晃过去了。这题材是个高难度:罗成这样一个人,如何"乱箭穿身而亡"?最终这本书出来,果然画得平庸。而在它之前,有福建版的《秦王入狱》先问世,它的水平,使我的期望完全获得满足。

它的绘者是王重英、王重圭兄弟。这两个名字经常见,只是不知来历,二十多年前没有互联网。现在简单了——

> 王重英(1950—1999),上海人,1969年到安徽临泉插队,1977年从阜阳师范学院美术系毕业,被分配到临泉一中任教,后在崇明县宏达中学工作。他在教学之余,勤奋从事连环画的创作,单独、并与其兄王重义、其弟王重圭合作创作连环画多部。

……有点意外。细想却又似有些缘故。

福建版的《说唐前传》我有三本:《三战尉迟恭》、《御果园救主》和《秦王入狱》。我特别喜欢后两本。其实《三战尉迟恭》的绘者是画隋唐的名家傅伯星,他画其他人都像,老练流畅,唯独画罗成有些俗气,就这一叶障目。《御果园救主》里的罗成,华贵雍容,美如冠玉;《秦王入狱》里的罗成,倜傥飘逸,超尘出世。如果非要定个高下,我踌躇再三可能还是会选后者,至少它的难度系数大一些。

这样决定了之后又犹疑,我把《秦王入狱》翻来倒去地看。若看其他人物,似乎也没那么好,就唯独一个罗成出色非常。这里罗成的造型应是受了戏曲的影响,紫金冠上插着两道长长的雉鸡翎。他长身玉立;微微躬身作揖的样子很有风度——可惜

123. 罗成仍在继续追赶敌兵,杀了半日,腹中饥饿,腿上棒疮又痛,只得回到城下叫关。

《说唐前传之九:秦王入狱》,犁丁改编,王重英、王重圭绘,福建人民出版社1982年版。

当今时代没有了如此标致的行礼姿态——他微躬的颀长的身段里蕴含着多少言语。

罗成从来没有有失风度过。比他武功高强的人有好几个,可他从不曾败给谁。扬州比武,夺魁的就是他呢,在他前面的高手基本上都还活着的情况下。他就有这种占尽风光的机遇。李元霸打败十八家反王,逼他们跪献降表,他当时是在瓦岗寨的队伍里,但我们看到屈辱下跪的只是反王头儿,没有他。故事临近末尾,李世民的一干大将被李建成李元吉恶作剧似的暗算,一个个喝了泻药泻到站不住——这种事情怎会轮到罗成,他那时已在天上,微微笑着俯瞰他们。

所以"罗成之死"一节中有好几幕场景难为:身陷建成元吉的奸谋,被捆绑拷打,这是一。杀敌回来叫关不开,家将送饼来给他吃,这是二。三就是单骑陷入淤泥河,乱箭穿身。

罗成就是罗成,他被捆绑的样子也风流动人。还要重责四十军棍?记得湖南美术版的《说唐》里的这一幕居然画出了老虎凳,该打!看看人家王重英是怎么画的,他到戏曲中去借鉴:英秀人物落难时,头上的巾或冠就要除下来,露出头顶扎束的那一长绺"甩发"。甩发的招式无须,仅此造型就够了,是写意笔法。

画家王重英时乖命蹇,英年早逝。另两位画《御果园救主》的画家,现在已经达到了跟他们的成就相匹配的级别,王重英比他们还年轻近十岁呢。他在县级中学做美术老师多年,我猜想他身处偏远县城,烟酒的嗜好之外,大概离戏曲比较近,戏曲给他慰藉和滋养,并且恰到好处地投射到他画的罗成身上。

罗成英雄末路,单骑陷进淤泥河。马陷得很深了,或许已经死了,死不瞑目,另一只眼中了一箭。罗成仍端坐马上,马的后部吃水较浅,所以他英挺的战靴尚未被淤泥所染。他的枪依然指向前上方,他的手则紧紧攥住缠绕了好几圈的缰绳,暗示疼痛。然而,他面不改容,蹙紧的眉头下,双眼内视着他自己的宿

罗成叫道："中苏定方计了！"当下罗成就像个柴把子一般，被乱箭射死在淤泥河内。

命。箭弩带着强势从四面射来，它们都长了眼睛，没一杆会不识相地扑向他俊逸的脸。

玉山倾倒再难扶。但我们没看到玉山倒下去。让他就在这一刻定格，后面的交代，我不要了。

2008 年 1 月 13—14 日

# 附录1：本书引用连环画一览

（以书中出现先后为序）

毛震耀、俞晓夫：《房东大娘》，上海人民出版社，1973年。

佚名：《放鸭记》，江苏人民出版社，1975年。

刘国辉：《耕云记》，人民美术出版社，1964年。

孙为民、聂鸥：《山猫嘴说媒》，中国曲艺出版社，1982年。

——《人生》，人民美术出版社，2008年（重印版）。

戴蒙：《小管家》，湖北人民出版社，1975年。

李铁生、汪玉山：《机警的孩子》，上海人民出版社，1973年。

佚名：《槽头战斗》，人民美术出版社，1975年。

陈和莲：《杨梅》，四川人民出版社，1976年。

石豁意：《杏黄时节》，辽宁人民出版社，1975年。

孟庆江：《海姑娘》，人民美术出版社，1975年。

梁长林、陈文骥：《荷花淀》，人民美术出版社，1980年。

张为民：《地雷战》，人民美术出版社，1973年。

刘继卣：《鸡毛信》，人民美术出版社，1950年、1951年（上、下集）。

——《朝阳沟》,人民美术出版社,1964年。

王绪阳、贲庆余:《我要读书》,人民美术出版社,1957年。

姚有多:《"强盗"的女儿》,少年儿童出版社,1963年。

贺友直:《小二黑结婚》,辽宁美术出版社,1995年。

——《山乡巨变》,上海人民美术出版社,1961—1965年。

——《李双双》,上海人民美术出版社,1964年。

——《朝阳沟》,上海人民美术出版社,1979年。

丁世弼:《一份无字情报》,湖南美术出版社,1983年。

桑麟康:《甜甜的刺莓》,上海人民美术出版社,1984年。

赵奇:《爬满青藤的木屋》,《连环画报》1982年第7期。

卢延光:《长生殿》,中国戏剧出版社,1985年。

高云:《罗伦赶考》,《连环画报》1983年第6期。

王叔晖:《西厢记》,人民美术出版社,1953年。

——《梁山伯与祝英台》,人民美术出版社,1954年。

徐晓平:《紫鹃情辞试莽玉》,天津人民美术出版社,1982年。

吴声、于水:《鹊桥仙》,《连环画报》1983年第1期。

张令涛、胡若佛:《杨家将之三:双龙会》,人民美术出版社,1959年。

——《杨家将之五:智审潘仁美》,人民美术出版社,1981年。

朱光玉:《岳传之十三:双枪陆文龙》,人民美术出版社,1980年。

杨青华、杨久华:《岳传之十二:小商河》,人民美术出版社,1983年。

陈光镒:《三国演义之十七:千里走单骑》,上海人民美术出版社,1979年。

丁世谦:《说唐之五:南阳关》,四川人民出版社,1981年。

周瑞文、盛元富:《说唐前传之七:御果园救主》,福建人民出版社,1982年。

张文忠:《说唐之十四:罗成夺魁》,四川人民出版社,1982年。

傅伯星、来汶阳、王重义:《兴唐传之一:秦琼卖马》,中国曲艺出版社,1981年。

王重英、王重圭:《说唐前传之九:秦王入狱》,福建人民出版社,1982年。

# 附录 2:《浮生旧梦说连环》发表地图

《文学自由谈》2008 年第 2 期

隋唐系列:《宇文家的事》、《机械英雄观》

《天涯》2008 年第 4 期

山乡系列:《无处不在的日光》、《舍得画鸭》、《跑马溜溜的云哟》、《若烹小鲜》、《地主婆的院子》

《文学自由谈》2008 年第 5 期

古装系列:《阿睹何物乎》、《赶考的罗伦》、《良宵》、《美哉关羽》

《天涯》2009 年第 2 期

隋唐系列:《南阳关前》、《一把罗扇》、《咬金》、《呼雷豹认识黄骠马》、《情深不寿,强极则辱》

**《人民文学》2009 年第 3 期**

打仗系列：《荷花箭，荷叶香》、《埋地雷的游戏》、《光头海娃不见了》、《玉宝喜得睡不着觉》、《桂娃是爹的闺女》

**《人民文学》2009 年第 5 期**

贺家班系列：《神仙也怕难为情》、《喜气包围清溪乡》、《大公无私各色人》、《城里姑娘学挑水》

**《人民文学》2009 年第 7 期**

好姻缘系列：《百日恩》、《金不换》、《树缠藤》、《盖满川》

**《美文》2009 年专栏，第 1—12 期**

《自古来草膘料劲水精神》、《梅子欠点儿酸》、《杏黄时节割麦子》、《海边出生，海里成长》、《上河里鸭子下河里鹅》、《青花瓷器》、《但使相思莫相负》、《闭门推出窗前月》、《好一朵带刺的玫瑰花》、《一娘生九子》、《若佛》、《杨康的一种假定》

**《读库 0903》**

隋唐系列全本《浮生旧梦说隋唐》

**《散文选刊》2009 年第 6 期**

《小人书：打仗系列》(选自《人民文学》)

**《散文选刊》2009 年第 12 期**

《盖满川》(选自《小麦的小人书》)

**《2009 年中国随笔精选》,长江文艺出版社**

《小人书:贺家班》(选自《人民文学》)

**《2009 年度华文最佳散文选》,河南人民出版社**

《小人书:打仗系列》(选自《人民文学》)

本页图:《闹天宫·齐天大圣战神兵》,刘继卣绘。
后页图:《小二黑结婚》,贺友直绘。